마법의 땅 SPAIN 스페인

마법의 땅 **스페인**
SPAIN

초판 1쇄 발행 2025. 12. 10.

지은이 박정호
펴낸이 김병호
펴낸곳 주식회사 바른북스

편집진행 김재영
디자인 최다빈
마케팅 송송이 박수진 박하연

등록 2019년 4월 3일 제2019-000040호
주소 서울시 성동구 연무장5길 9-16, 606호 (성수동 2가, 블루스톤타워)
대표전화 070-7857-9719 | **경영지원** 02-3409-9719 | **팩스** 070-7610-9820

•바른북스는 여러분의 다양한 아이디어와 원고 투고를 설레는 마음으로 기다리고 있습니다.

이메일 barunbooks21@naver.com | **원고투고** barunbooks21@naver.com
홈페이지 www.barunbooks.com | **공식 블로그** blog.naver.com/barunbooks7
공식 포스트 post.naver.com/barunbooks7 | **페이스북** facebook.com/barunbooks7

ISBN 979-11-7263-728-6 03980

정호 지음

마법의 땅 SPAIN 스페인

시원한 풍광! 팔색조의 매력! 스페인, 나그네를 매혹하다

바른북스

Spain

목차

여행 출발의 발걸음

1부

가우디 건축의 고향, 바르셀로나

-바르셀로나(몬세라트) 여정(2024. 01. 18.~01. 22./4박 5일)-

2부

남국의 애수 어린 플라멩코 선율, 세비야

-세비야(론다/말라가/지브롤터) 여정(2024. 01. 22.~01. 26./4박 5일)-

3부

사통팔달의 현대 도시, 마드리드

-마드리드(세고비아/톨레도) 여정(2024. 01. 26.~01. 30./3박 5일)-

Spain

여행 출발의 발걸음

여행의 시작은 언제나 설렘으로 가득 차 있다. 한 해를 바쁘게 보낸 우리 가족은 새로운 출발을 다짐하며 오랫동안 계획만 하고 미뤄왔던 스페인 자유여행에 나서기로 한다. 이미 스페인을 다녀온 경험이 있는 두 아들은 이번 여행의 필수 예약을 철저히 마쳐두었고, 현지에서의 작은 혼선도 생기지 않도록 세심하게 일정을 조율해 두었다. 덕분에 처음으로 자유여행을 떠나는 나와 아내도 한층 마음이 든든하다.

1월 17일, 여행 출발 하루를 앞둔 날이다. 아침 일찍 지방에서 승용차를 타고 서울 큰아들 집으로 향한다. 오랜만에 상경하는 엄마 아빠를 보기를 위해 작은아들도 큰아들 집에 와 있다. 서울에 도착하자마자 캐리어를 열어 챙겨온 옷가지며 여행 필수품을 다시 한번 꼼꼼히 점검한다. 그런 다음 빠진 물품은 인근 마트에서 구입해 채워두고, 이야기꽃을 피우다가 저녁을 먹은 뒤 먼저 이른 잠을 청한다. 낯선 곳으로 떠나는 긴 여행을 앞두고 마음은 이미 설렘으로 가득 차 있다.

드디어 출발의 아침이 밝았다. 서울에서 따로 살고 있는 작은아들이 큰아들 집에 도착하자, 가족 모두가 함께 공항버스 정류장으로 발걸음을 옮긴다. 버스는 약 한 시간여를 달려 인천 공항 제1터미널에 도착한다.

우리는 짐칸에서 각자의 캐리어를 꺼내어 끌고 공항 안으로 들어선다. 곧바로 독일 국적기 루프트한자 탑승장을 찾아가 뮌헨행 항공기에 오르기 위해 서둘러 탑승 수속을 밟는다. 발권한 티켓을 들고

출국장으로 이동해 출국 심사를 마친 후, 면세구역에 들어서니 비로소 해외여행을 떠나는 게 실감이 난다.

긴 여정을 앞둔 만큼 든든히 배를 채우기로 한다. 스페인 현지에서는 한국 음식을 접하기 쉽지 않을 것 같아 육개장과 순두부찌개 등 각자 좋아하는 메뉴를 골라 한식당에서 맛있는 점심을 먹는다.

이어 가족, 친지들에게 선물할 물품을 구매하기 위해 면세점 쇼핑에 나선다. 그럭저럭 쇼핑을 마치고 탑승 게이트 앞에 앉아 대기하다가, 13시 30분 출발 예정인 뮌헨행 루프트한자 항공기에 몸을 싣는다. 설렘과 기대로 가득 찬 스페인으로의 여정! 와~, 이제부터 본격 시작이다.

Spain

1부

가우디 건축의 고향,
바르셀로나

-바르셀로나(몬세라트) 여정(2024. 01. 18.~01. 22./4박 5일)-

▶ 01일 차(18일):

인천 공항 출발 → 뮌헨 공항 → 바르셀로나 공항 → 카탈루냐 광장 → 람블라스 거리 → 안단테 호텔

▶ 02일 차(19일):

까사 비센스 → 구엘 공원 → 까사 바트요 → 까사 밀라 → 사그라다 파밀리아 성당

▶ 03일 차(20일):

카멜 벙커 → 람블라스 거리 → 콜럼버스 탑 전망대 → 바르셀로나 시내 → 시우타델라 공원 → 보케리아 시장

▶ 04일 차(21일):

몬세라트(산악열차, 베네딕트 수도원 대성당, 검은 성모 마리아상) → 몬주익 지구(몬주익 언덕, 카탈루냐 미술관, 미로 미술관, 몬주익 성, 마법의 분수, 파빌리온, 스페인 촌, 아레나스 데 바르셀로나)

▶ 05일 차(22일):

안단테 호텔 → 람블라스 거리 → 카탈루냐 광장 → 바르셀로나 공항

바르셀로나 공항 도착

인천에서 출발한 루프트한자 항공기는 우리 가족을 태우고 13시간을 날아 독일 뮌헨 공항에 무사히 착륙한다. 비행 내내 혼자 속으로 '아, 가족 모두가 타고 가는데 무슨 일이라도 생기면 어쩌지?' 하며 쓸데없는 걱정을 했더랬다. 다행히 말 그대로 기우였던 셈. 뮌헨 공항에 무사히 도착한 우리는 스페인 바르셀로나행 비행기로 환승

하기 위해 곧장 탑승장으로 이동한다.

약 2시간의 환승 대기 시간을 보내고 나서 밤 9시경, 바르셀로나행 루프트한자 항공기가 어둠이 내린 뮌헨 공항을 힘차게 이륙한다. 이미 이곳은 캄캄한 밤이다. 시차를 따져보니 한국과는 대략 8시간의 차이가 있는데 사실 지금이 몇 시든 간에 몹시 피곤하다.

뮌헨을 떠난 비행기는 약 2시간가량 서쪽 하늘을 날아 바르셀로나 근처 상공에 이르자 서서히 고도를 낮추기 시작한다. 창밖으로 펼쳐진 바르셀로나 해변의 황홀한 야경이 한눈에 들어온다. '와, 이건 눈으로만 담기엔 아까운 풍경이 아닌가.' 정신없이 카메라의 셔터를 눌러댄다.

그렇게 한참 넋을 놓고 해변의 불빛에 취해 있을 무렵, 갑자기 비행기 바퀴가 "쿵" 하고 활주로에 닿으며 바르셀로나 엘 프라트 공항(Aeropuerto Barcelona-El Prat) 착륙을 알린다. 인천에서 출발해 뮌헨을 경유하고 바르셀로나에 이르기까지, 장장 17시간여의 여정이 이

렇게 마무리된다. 바르셀로나 시간으로 밤 10시 50분을 막 지나고 있다.

스페인 입국 절차는 생각보다 간단하고 빠르게 마무리된다. 알고 보니 쉥겐협약(Schengen Agreement, 유럽 29개국이 여행과 통행의 편의를 위해 국경을 자유롭게 넘나들 수 있도록 체결한 국제 협정)으로 인해, 여행자가 협약 가입국을 통과할 때 출입국 심사를 받지 않고 자유롭게 이동할 수 있기 때문이다.

독일과 스페인은 이 협약이 적용되는 쉥겐 지역 국가라서 마치 국내선 타듯 일사천리로 입국 절차가 끝난 것이다. 공항 이용객으로서 참 편리하고 바람직한 제도라는 생각이 든다. 아, 이래서 유럽 여행이 매력 있구나 싶었다.

"유럽, 참 좋다!"

카탈루냐 광장(Plaza de Catalunya)을 지나 안단테 호텔(Andante Hotel)까지

바르셀로나 공항에 내린 우리 가족은 빠르게 입국 수속을 마친 뒤, 화물 게이트로 이동해 각자의 캐리어를 찾아 공항버스에 오른다. 자정을 넘긴 시각, 우리는 숙소 인근의 바르셀로나 카탈루냐 광장(Plaza de Catalunya) 앞 정류장에서 내린다.

그런 다음 각자의 캐리어를 끌고 고요한 람블라스(La Rambla) 거리

를 따라 숙소인 안단테 호텔(Andante Hotel)까지 도보로 이동한다. 장거리 비행과 시차 탓인지 내 몸은 축 처지고 마음도 지쳐 있다. 이런 나와는 대조적으로 두 아들과 여행에 들떠 있는 아내는 마냥 씩씩하고 활기가 넘친다. 참 다행이다.

밤 깊은 람블라스 거리를 지나며 마주한 풍경은 무척이나 인상 깊다. 청소부들이 청소용 특수 차량에 올라 거리 바닥에 물을 뿌리고, 차량 하부에 장착된 대형 걸레로 대리석 블록 위를 말끔히 닦아내며 전진해 나간다. 난생처음 보는 광경이다. 게다가 이곳의 도로 구조는 우리나라와는 사뭇 다르다. 이를테면 도로 중앙에 넓은 인도를 두고 양옆 가장자리에 차도를 편도 1차선으로 배치하여, 차보다는 사람을 도로의 중심에 두고 설계한 거리 구조다. 자동차보다 사람이 주인인 거리, 여행 첫날부터 서구의 선진 문화가 신선하게 다가온다.

어쩌면 나만의 편견일지 모르겠지만, 이곳에서 마주한 서구인들

의 삶 속에는 그들만의 분명한 철학이 담겨 있음을 느낀다. 인간을 가장 우선에 두는 삶. 그것은 산업혁명 이후 기계 중심의 물질문명에 경도되었다가 깊은 시행착오 끝에 인간 중심의 정신문명으로 회귀하며 얻은 집단적 교훈이 아닐까? 단순한 감탄을 넘어 깊은 울림으로 남는 배움이다. 사람보다 물질을 우선시하는 가치관에 사로잡힌 개인이나 사회에게는 분명 크나큰 경종이 아닐 수 없다.

이런저런 생각을 품은 채, 약 20분가량 람블라스 거리를 걸어서 숙소가 있는 드라사네스(Drassanes)역 근처에 도착한다. 바르셀로나 여정 동안 머물기로 예약해 둔 안단테 호텔 체크인을 서둘러 마치고, 작은아들과 룸메이트가 되어 객실로 이동한다. 길고도 낯설었던 하루를 마무리하고 나는 이내 곤한 잠에 빠져든다.

가이드와의 만남의 장소, 폰타나역(Fontana metro station)

스페인에서 맞이하는 첫 아침이다. 오늘은 아내와 내가 바르셀로나의 가우디 건축 예술 명소들을 둘러보기 위해 당일치기 가이드 투어에 참여하는 날이다. 바르셀로나는 인구 약 800만 명 규모의 카탈

루냐 지역의 주도(州都)로, 지중해를 끼고 있는 지리적 이점 때문에, 예부터 해상 무역과 상업이 크게 발달하였다. 또한, 이곳은 온화한 기후와 가우디 건축물 등으로 대표되는 독특한 도시 경관 덕분에 연중 지구촌 각지에서 수많은 관광객이 몰려드는 세계적인 관광 도시로 그 명성이 높다.

스페인 제2의 도시 바르셀로나에서 처음 받은 인상은 왠지 우리나라 부산을 많이 닮았다는 생각이 든다. 바르셀로나는 스페인 내에서도 지역색이 뚜렷하고, 국내외 관광객이 많이 찾는 대표적인 항구 도시다. 또한, 글로리에스 타워(Glòries Tower)와 같은 현대적인 건축물들이 도시 곳곳의 고풍스러운 풍경과 자연스럽게 어우러지며, 밤에는 환상적인 야경을 만들어 낸다는 점에서 그렇다.

현대 건축의 혁신적 선구자인 장 누벨(Jean Nouvel)이 설계한 글로리에스 타워는 부산 해운대의 엘시티 타워처럼 고층 빌딩으로, 전망대

에 오르면 시가지 풍경을 360도 전방위에서 조망할 수 있는 원형 건물이다. 이 건물은 몬세라트 산맥의 둥그런 돌기둥에서 영감을 얻어 지었다는데, 독특한 형상 탓에 좌약이라는 별칭으로도 불리고 있다.

생각보다 아침 공기가 제법 쌀쌀하다. 해가 아직 떠오르기 전 어스름한 새벽녘에 아내와 나는 큰아들의 안내를 받아 가이드와 만나기로 한 폰타나(Fontana)역 앞에 도착한다. 약속 시간보다 30분이나 일찍 도착하여 마냥 밖에서 기다릴 수만은 없어 근처 카페에 들어가 갓 구운 빵과 따뜻한 커피를 주문한다. 어쩌면 카페에서 추위를 피하고 시간도 보내며 간단히 아침을 해결할 수 있어 다행인지도 모르겠다.

약속 시간이 되어 다시 폰타나역 앞에 나가 보니, 우리처럼 가우디 건축 예술을 관람하기 위해 당일치기 투어에 참여한 한국인 관광객들이 이미 줄지어 서 있다. 대략 눈대중으로만 보아도 50명은 훌쩍

넘어 보인다. 오늘 투어는 인원이 많아 두 팀으로 나누어 진행된다고 한다. 가이드의 호명에 따라 인원 점검을 마치고 우리는 투어 버스에 올라 본격적인 바르셀로나 시내 탐방에 나선다.

가우디 건축 예술 투어 ①
- 까사 비센스(Casa Vicens)

오늘 가장 먼저 찾아가는 곳은 까사 비센스(Casa Vicens)다. 스페인의 관광지나 거리 간판에서 자주 접하게 되는 스페인어 'Casa'는 '집'을 뜻하니, 우리는 지금 비센스의 집을 관람하러 가는 셈이다.

이 건물은 스페인의 천재 건축가 안토니오 가우디(Antonio Gaudíy)가 건축학교를 졸업하기 전에 직접 설계하고 시공까지 감독하여 완성한 첫 작품이라고 한다. 까사 비센스는 지하와 반지하, 그리고 지상 4층으로 구성된 건물인데, 가우디 특유의 유려한 곡선미가 곳곳에 스며들어 있다. 테라스의 난간, 외부 창살, 정원과 도로를 구분 짓는 철제 경계벽 등 철 구조물 하나하나에 그의 섬세한 건축미가 오롯이 배어 있다.

특히 인상 깊은 것은 경계 철벽의 구조다. 사각형 철제 틀 안에 원형 철제 틀을 다시 넣고, 그 중심에 27개의 나뭇잎을 배치한 뒤, 외곽을 개화 직전의 꽃봉오리 형태로 둘러 주조한 장식은 그 정교함에 혀를 내두를 지경이다. 단단한 철재를 부드러운 곡선의 형태로 빚어내는 고난도의 작업을 그것도 이토록 아름답게 구현해 낸 솜씨가 놀랍기만 하다.

날씨 예보대로 어김없이 겨울비가 추적추적 내린다. 아내와 나는 하나뿐인 우산 속에 서로를 기댄 채 비를 피해 가며 까사 비센스를 둘러본다. 얼마 후 가이드가 추천한 사진 명소에서 기념사진을 남기고 다시 투어 버스에 올라 다음 목적지를 향해 나아간다.

가우디 건축 예술 투어 ②
- 구엘 공원(Parque Güell)

잠깐의 주행 끝에 투어 버스는 우리를 구엘 공원(Parque Güell) 입구에 내려놓는다. 본래 구엘 공원은 당시 재력가였던 구엘 백작이 도시의 소음과 번잡함에서 벗어나 이곳에 전원주택을 짓고 평온하게 살아가기 위해 건설한 곳이나.

전원주택 후보지를 물색하던 구엘은 바르셀로나 외곽의 완만한

산지를 매입하고, 늘 신뢰하던 건축가 가우디에게 설계를 의뢰한다. 가우디는 구엘의 뜻을 깊이 헤아려 산의 자연 지형을 그대로 살리고 그 위에 최대한 자연 친화적인 건축물을 더하는 방식으로 공원을 조성해 나간다. 그렇게 수차례에 걸친 설계 변경과 14년간의 심혈을 기울인 끝에 마침내 구엘 공원을 완공한다.

곳곳에 가우디의 손길이 배어 있는 구엘 공원은 거대한 야외 건축 박물관을 연상케 한다. 특히 깨진 타일 조각의 결을 살려 모자이크 방식으로 다시 붙인 트렌카디스(Trencadis) 기법의 유선형 벤치와 도마뱀 분수는 이 공원을 대표하는 상징물이다.

이곳은 또한, 곤충의 촉수 같은 콧수염과 녹아내리는 시계 그림으로 강렬한 인상을 남긴 20세기 초현실주의의 거장 살바도르 달리(Salvador Dalí)와도 인연이 깊다. 그가 공원 벤치에 앉아 머리 위에 십자가를 이고 있는 모습으로 남긴 한 장의 흑백사진은 너무도 유명하

다. 지금은 공원 여행객들이 여기에서 달리처럼 기념사진을 남기고 떠나는 필수 포토존이 되었다. 이곳이 흔히 말하는 구엘 공원 속 '살바도르 달리존'이다.

또 하나의 인상 깊은 구조물은 '파도 동굴'이라고 불리는 회랑이다. 공사를 마치고 남은 돌들을 활용해 만든 이 공간은 가우디 건축의 핵심이라 할 수 있는 자연주의와 곡선미를 집약적으로 보여주는 걸작이다. 구엘 공원은 "자연은 신이 만든 건축이며, 인간의 건축은 그것을 배워야 한다."라고 무시로 읊조렸던 가우디의 건축 철학이 오롯이 구현된 하나의 건축 예술품이다.

이역만리 동양의 교실에서 수학 시간에나 들어봤던 이름. 그 천재 건축가 가우디의 작품을 눈앞에 두고 바라보는 지금, 문득 과분한 호사를 누리고 있다는 생각이 든다.

비 내리는 구엘 공원을 둘러보는 내내, 가우디의 천재적 영감과 불

꽃 같은 예술혼이 깃든 건축물 하나하나 앞에서 나그네의 마음도 숙연해진다.

오후 들어 비는 좀처럼 그칠 기미가 없다. 아내와 나는 작은 우산 하나에 몸을 바싹 웅크린 채 구엘 공원의 다채로운 볼거리들을 따라 이리저리 발걸음을 옮기며 관람을 이어간다. 그렇게 한참을 걸으며 관람을 마친 후, 공원 출구를 향해 서둘러 발걸음을 옮긴다. 나오는 길에 매점에서 우산 하나를 사 들고 다시 투어 버스에 올라 다음 목적지로 이동한다.

가이드의 말에 따르면 바르셀로나 관광 수입의 약 70%가 가우디의 건축물과 그 관련 관광지에서 얻어지고 있다고 한다. 그렇다면 바르셀로나는 곧 '가우디가 먹여 살리는 도시'라 해도 과언이 아니겠다.

가우디 건축 예술 투어 ③
- 까사 바트요(Casa Batlló)

투어 버스는 바르셀로나의 명품 거리 인근 네거리에 이르러 우리 일행을 내려놓는다. 이곳은 2005년 유네스코 세계문화유산으로 등재된 가우디의 또 다른 걸작, 까사 바트요(Casa Batlló)다. 1904년, 당

시 건물주였던 호셉 바트요가 가우디에게 기존 건물의 개보수를 의뢰했고, 2년에 걸친 대대적인 공사 끝에 지금의 모습으로 재탄생했다. 특히 개보수 과정에서는 많은 기술적 난관이 있었다고 전한다. 그중에서도 건물 정면의 1층과 2층을 개축하는 공정에서 어려움이 많았다고 전한다.

까사 바트요 앞에 서자마자 눈길을 사로잡는 것은 해골을 연상케 하는 발코니와 정강이뼈처럼 곧게 세워진 외벽 기둥이다. 또한, 조화를 이루는 청회색 타일의 외벽, 물결치듯 곡선을 그리며 돌출된 2층과 3층의 난간은 아무나 흉내 낼 수 없는 가우디만의 건축 예술의 묘미를 뽐낸다. 고도의 기술을 요하는 곡선형 건축은 오늘날에도 아주 까다로운 작업이라는데, 가우디는 이미 120년 전에 이를 시도하여 완성해 냈으니 천재 건축가라는 찬사가 결코 아깝지 않다.

내부로 들어서자, 지하 1층과 지상 7층으로 구성된 총 8층 규모의

주거용 건물이 본모습을 드러낸다. 건물 곳곳에서 채광과 환기, 거주자의 동선까지 세심하게 고려하여 설계 시공한 흔적이 역력하다. 곡선 형태로 돌출된 창은 넓은 채광을 확보해 실내를 환하게 밝히고, 탁 트인 시야 덕에 보는 이의 마음까지 시원해지는 느낌이다.

무엇보다 인상적인 공간은 바트요 가족이 실제로 거주했던 2층의 파사드(Façade, 출입구가 있는 건물 정면의 외벽)다. 건물 중앙에는 파티오(Patio, 스페인식 안뜰 · 정원)가 배치되어 1층에서부터 천장까지 시원하게 열린 구조를 이루고 있으며, 내벽은 서로 다른 색조의 타일을 마름모꼴로 정렬하여 안정감과 균형감을 동시에 구현해 내고 있다. 위층으로 이어지는 원형 계단의 목재 장식은 마치 물고기의 척추뼈처럼 정교하게 조각해 놓아 눈을 뗄 수가 없다. 2층 바트요의 방에는 그가 생전에 수집했던 골동품들이 고스란히 전시되어 있어 당대 부유층 가문의 안목을 엿볼 수 있다.

이제 다시 밖으로 나와 까사 바트요의 외관을 차분히 감상해 본다. 전면 외벽은 잘게 부순 청회색 타일을 모자이크처럼 한 땀 한 땀 정성스럽게 붙여 장식했으며, 발코니의 기둥은 동물의 정강이뼈처럼 독특하게 조형해 놓아 시선을 사로잡는다. 지붕은 딱딱한 용의 비늘을 연속적으로 덮은 듯한 형상으로 처리하였고, 옥상의 장미 테라스에는 버섯 모양의 굴뚝과 십자가를 형상화한 첨탑까지 놓여 있어, 전체적으로 하나의 신화적 풍경을 연출한다. 외관만 두고 평가하자면 까사 바트요는 단순한 생활 공간이 아니라 조각품에 가까운 건축 예술의 결정체다.

이 건물은 용을 무찌르고 공주를 구했다는 전설 속 카탈루냐의 수

호성인(守護聖人) 산 조르디(Sant Jordi)를 기리기 위해 매년 4월 23일 '산 조르디 축제(Sant Jordi Festival)'가 열리는 날이면 축하의 장미꽃으로 뒤덮인다고 한다.

관람을 마치고 다음 목적지로 이동하려는 순간, 가이드는 다소 뜬금없이 츄파춥스 막대 사탕을 하나씩 건넨다. 그리고 이어지는 설명이 흥미롭다. 현재의 까사 바트요 소유주는 바트요 가문이 아니라, 글로벌 사탕 기업 츄파춥스(Chupa Chups)를 보유한 스페인의 베르나트(Bernat) 가문이라고 한다. 가우디의 걸작, 까사 바트요가 막대 사탕 하나에 잔상으로 남는다.

가우디 건축 예술 투어 ④
- 까사 밀라(Casa Milá)

까사 바트요 관람을 마친 뒤, 도보로 잠시 이동해 까사 밀라(Casa Milà) 앞에 선다. 이곳은 가우디가 특유의 곡선미를 살려 약 4년에 걸쳐 완공한 6층 규모의 고급 아파트인데, 건물의 구조가 전체적으로

둥글고 유연하게 설계되어 있다. 각 층은 단 네 가구씩 거주하도록 비교적 넓게 지어졌다. 현재 이곳에는 노부부를 포함한 두 가구만이 실제 거주하고 있다고 한다. 건물 입구에서 입장권을 구입해 내부로 들어가면 최상층에 마련된 전시 공간에서 가우디의 건축 작품 평면도, 슬라이드 전시물, 영상 자료 등을 감상할 수 있다.

그리고 옥상에 설치해 놓은 독특한 형태의 거대한 굴뚝들은 이 건물만의 특별한 존재감을 과시한다. 마치 대형 토기를 빚어 올려놓은 것처럼 육중하면서도 은은한 예술미가 흐른다. 사방에서 바라봐도 십자가의 형상이 입체적으로 드러나도록 정밀하게 설계된 점이 특히 인상 깊다. 외벽 전체는 파도가 끊임없이 밀려오는 듯한 유기적인 곡선으로 구성되어 있어 건물 자체가 마치 살아 움직이는 듯한 생동감을 준다.

각 층 난간에 설치된 검은색 철제 발코니는 범접할 수 없는 신령스

러움을 풍긴다. 그것은 마치 건물의 위엄을 지키는 견고한 방패처럼, 혹은 외부의 침범을 차단하는 부적처럼 느껴진다. 아마도 기분 탓이겠으나, 까사 밀라 앞에 선 내게 순간 무속 신앙에서나 있을 법한 오묘한 기운이 스쳐 지나가는 느낌이다. 건축이 인간의 감각에 이토록 깊이 침투할 수 있다는 사실이 새삼 놀랍기만 하다.

아침부터 수신기를 통해 쉼 없이 이어지던 가이드의 설명도 바르셀로나 해변 인근에 이르러 차츰 잦아든다. 오전 일정을 마무리하며 시계를 보니 어느덧 12시 50분을 넘기고 있다.

빠에야 맛집, 까사 마리나 삐꾸피(Casa Marina Picufi)

어젯밤 늦게 바르셀로나에 도착해 자정 무렵 호텔 체크인을 마치고 겨우 잠자리에 들었지만, 시차 때문인지 깊은 잠을 이루지 못했다. 이른 아침부터 무거운 몸을 이끌고 빗속을 헤치며 당일치기 여행의 가이드를 따라다니다 보니 몹시 몸이 피곤하고 배도 고프다. 다행히 점심때가 되어 해변 도롯가에 멈춘 투어 버스에서 내린다.

잠시 뒤, 시내에서 개별 일정을 보내고 있던 두 아들과 합류해 바르셀로나 해변의 '빠에야(Paella)' 맛집으로 알려진 까사 마리나 삐꾸피(Casa Marina Picufi) 레스토랑에 들어선다.

레스토랑 안에는 이미 한국인 관광객들이 입구 쪽에서부터 서너 테이블을 차지하고 앉아 오순도순 점심 식사를 즐기고 있다. 우리 가족은 아침에 빵과 커피로 간단히 허기를 달랜 이후, 스페인에서 처음 제대로 된 한 끼 식사로 두 가지 종류의 빠에야와 함께 맥주, 와인 등의 음료를 주문해 놓고 기대 속에 기다린다.

빠에야는 한국에도 널리 알려진 스페인의 대표적인 전통 요리다. 샤프란 향신료를 넣어 만든 노란색 빠에야는 은은한 카레 향과 고소한 맛이 매력적이지만, 약간 느끼한 편이다. 반면 오징어 먹물로 만든 검은색 빠에야는 짭조름하면서도 담백한 맛으로 내 입맛에는 제격이다.

우리끼리 담소를 나누며 한창 식사를 즐기고 있는데, 레스토랑 주인장으로 보이는 우람한 체구의 한 아저씨가 우리 테이블로 다가와, 묵직한 중저음의 목소리로 음식 맛이 괜찮은지 묻는다. 그러더니 익

숙지 않은 한국어 발음으로 연신 "감사합니다."를 외친다. 나는 목례로 답하며 절로 지어지는 미소를 감추지 못한다. 그의 다소 투박하지만, 따뜻한 친절 속에서 오래전 시골 동네 아저씨 같은 푸근한 정이 느껴져 함께 기념사진 한 장을 남긴다.

스페인어에 능숙한 작은아들은 정겨운 그 아저씨와 몇 마디를 나누고 음식 맛에 대한 짧은 평가를 가게 리뷰란에 남긴다. 내 취향에 꼭 맞는 먹물 빠에야와 비노 블랑코(Vino Blanco, 백포도주) 한 잔을 곁들인 이 점심은, 빼곡한 오늘의 여정 속에 잠시나마 마음까지 편안하게 해준 즐겁고 유쾌한 시간이었다.

가우디 건축 예술 투어 ⑤ - 사그라다 파밀리아 성당
(Basílica de la Sagrada Familia)

레스토랑을 나와 근처 카페에서 커피를 사 들고, 드넓게 펼쳐진 지중해를 따라 바르셀로나 해변을 잠시 거닌다. 그렇게 막간의 여유를 즐긴 뒤, 아내와 나는 오후 시내 투어를 위해 다시 버스에 오른다. 얼

마 지나지 않아 투어 버스는 바르셀로나의 랜드마크, 사그라다 파밀리아 성당(Basílica de la Sagrada Familia) 앞에 멈춰 선다. 버스에서 내리자, 나는 눈앞에 보이는 뾰족한 첨탑들이 하늘을 찌를 듯이 서 있는 성당의 웅장한 외관에 압도되어 어안이 벙벙해진다. '사그라다 파밀리아(Sagrada Familia)'는 스페인어로 '신성한 가족'을 뜻한다. 그래서 한국인 관광객들은 이곳을 성 가족 성당이라고 부르기도 한다.

사그라다 파밀리아 성당에서 가장 눈길을 끄는 조형물은 성당을 둘러싸고 있는 3개의 파사드(Façade)다. 성당의 외벽을 감싸고 있는 3개의 파사드는 이곳의 중심 조형물로, 각각 '탄생의 문', '수난의 문', '영광의 문'이라 이름 붙여져 있다. 예수의 탄생, 수난, 업적 등 예수의 생애를 주제로 한, 이 세 출입구는 조각과 부조, 그림 등으로 정밀하게 조형되어 있는데 그 밀도 높은 서사와 상징성에 누구나 감탄하게 된다.

이들 3개의 파사드 가운데 탄생의 문과 수난의 문은 이미 완공되었고, 영광의 문은 2026년 성당 완공 시점을 목표로 현재 마무리 공사 중이다. 그중에서도 탄생의 문 파사드는 높이가 100m가 넘고, 옥수수를 연상케 하는 독특한 형상으로 우뚝 서서 관람객의 시선을 사로잡는다.

이 탄생의 문 파사드는 다시 세 갈래로 나뉘는데, 왼쪽은 성 요셉에게 바치는 '소망의 문', 가운데는 예수에게 헌정한 '사랑의 문', 오른쪽은 성모 마리아에게 드리는 '믿음의 문'이다. 소망의 문에는 요셉과 마리아의 혼인과 이집트로의 피난 장면이, 사랑의 문에는 예수의 탄생과 동방박사의 경배가, 믿음의 문에는 성전에서 예수가 제사장들과 토론하는 모습, 마리아와 엘리사벳의 모습, 예수의 유년 시절 모습 등이 섬세한 조각으로 묘사되어 있다. 첨탑에는 "Sanctus, Sanctus, Sanctus(성스럽도다)"라는 문구가 새겨져 있는데, 이는 성부,

성자, 성령에게 이 성당을 봉헌한다는 의미라고 한다.

사그라다 파밀리아 성당이 지닌 또 하나의 인상적인 특징은 그 수많은 첨탑이다. 예수를 상징하는 중앙 첨탑, 4대 복음서(마르코, 마태, 루가, 요한)를 상징하는 4개의 첨탑, 열두 제자를 상징하는 12개의 첨탑이 하늘을 향해 치솟아 있으며, 여기에 성모 마리아를 위한 첨탑도 별도로 마련되어 있다. 성경 속 인물들이 외벽 곳곳에 정교하게 조각되어 있어 성당 전체가 하나의 거대한 성서처럼 느껴진다.

시각적으로 높은 첨탑들 때문이기도 하겠으나, 최고 높이가 무려 172.5m나 되어 세계에서 가장 높은 성당으로 불리고 있다. 성당 내부로 들어서는 순간 또 한 번 놀라지 않을 수 없다. 거대한 돌기둥 위에 여러 갈래의 또 다른 돌기둥을 올려 천장을 떠받치고 있는 웅장한 내부 구조에 입이 떡 벌어진다.

성당의 천장은 기하학적인 문양에 채광창을 통해 들어오는 자연광과 내부 조명이 어우러져 신비로운 황홀경을 자아낸다. 양쪽 벽면을 장식한 다채로운 도형 모양의 스테인드글라스(Stained glass) 창은 햇빛을 받아 오색찬란한 색감을 쏟아내며, 내가 마치 천국의 한 장면에 들어온 듯한 착각을 불러일으키게 한다.

특히 성당의 첨탑과 천장 구조에는 '신의 곡선'이라 불리는 현수선 아치 구조를 적용하여, 건축물 상부의 무게를 분산시키는 혁신적인 공법이 구현되어 있다. 이 구조야말로 가우디 건축을 한마디로 함축하는 진면목이라고 할 수 있다.

사그라다 파밀리아 성당은 스페인 건축의 거장, 안토니오 가우디가 1882년 착공한 이래 지금까지도 건설 중인, 말 그대로 '살아 있는 건축'이다. 현재는 가우디 사후 일곱 번째 건축가가 설계를 이어받아 공사를 총괄해 오고 있다. 건축 재원은 가우디의 전 재산, 전 세계인

의 기부와 헌금, 관람객의 입장료 등으로 충당되고 있다.

2026년, 가우디 서거 100주년을 완공 목표로 삼고 있지만, 실제로 그 시점에 맞춰 마무리될 수 있을지는 여전히 불확실하다. 가우디의 인생 역작 사그라다 파밀리아 성당의 대역사가 끝나고 찬란한 인류 문화유산이 우리 앞에 우뚝 서는 그날을 상상해 본다.

성당 안 영광의 문 앞에 서니, 50개국 언어로 새겨 놓은 문구들이 눈에 들어온다. 나는 한참 동안 그 앞에 멈춰 서서 가우디를 마음속 깊이 추모한다. 그리고 “오늘 우리에게 필요한 양식을 주옵소서.”라는 한글 표기를 몇 번이고 되뇌어 본다.

사그라다 파밀리아 성당 내부를 둘러보고 밖으로 나오니 어느새 해가 지고 가로등 불빛이 하나둘 꽃처럼 환하게 피어나고 있다. 나는 오늘 이곳에서 두고두고 기억될 감동의 순간 하나를 가슴에 새기며, 바르셀로나 가우디 건축 예술 투어의 마지막 여정을 조용히 마무리한다.

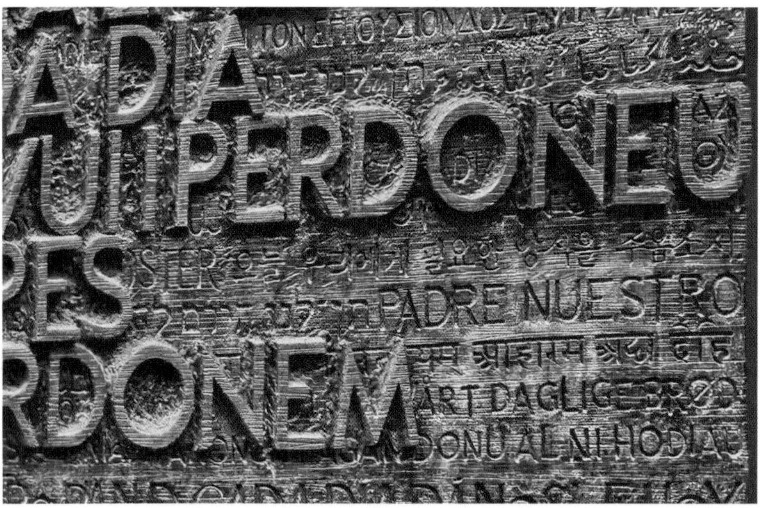

카멜 벙커(Bunker del Carmel)에서 보는 일출

어두컴컴한 새벽, 잠에서 깨어 바르셀로나 여행 이틀째를 시작한다. 지중해 너머에서 솟아오르는 일출을 보기 위해 큰아들의 안내를 받으며 숙소 인근 드라사네스역에서 지하철을 타고 카멜 벙커(Bunker del Carmel)로 향한다. '라 로비라의 언덕(Colina de la Rovira)'이

라는 뜻의 이곳은 해발 262m의 야트막한 산 정상에 자리한 전망대인데, 과거 군사 시설로 사용된 탓에 벙커라는 이름으로 알려져 있다. 2011년 바르셀로나 역사박물관(MUHBA)에 귀속된 이후, 지중해와 도시 전경을 한눈에 조망할 수 있는 관광 명소로 많은 이들의 사랑을 받고 있다.

산에 오르기 전, 땀을 염려해 가벼운 옷차림으로 숙소를 나섰건만 아직 해가 뜨기 전이라 서늘한 새벽 공기가 몸을 파고든다. 카멜 벙커 입구에 도착하니 급히 산을 오르며 흘린 땀은 어느새 식어 온몸에 한기가 감돈다. 추위도 잠시, 멀리 지중해 쪽 수평선 너머에서 아침 해가 붉은빛을 토해내며 어둠을 밀어내기 시작한다.

마침내 카멜 벙커 정상이다. 알제리 출신의 프랑스 소설가 알베르 카뮈(Albert Camus)가 그토록 사랑했던 지중해의 태양이 저 멀리서 위풍당당하게 떠오르고 있다.

카뮈의 대표작 『이방인』 속의 무대가 되는 알제리 북쪽 지중해의 해안 도시 알제와 마랭고(하주트)는 아스팔트가 녹아내릴 정도로 연중 뜨거운 햇볕이 내리쬐고 사막의 더위가 식지 않는 곳이다. 이 작품 속에서 주인공 뫼르소가 말했던 대사 중에 한 부분이 생각나 여기에 옮겨본다.

"나는 태양의 열기를 도저히 견딜 수가 없어서 한 걸음 내디뎠다. 한 걸음으로는 햇빛을 피할 수 없다는 것을 나는 잘 알고 있었다."

이렇듯 카뮈는 이 작품 전반에서 태양과 더위, 해변 풍경을 반복적으로 묘사할 만큼 지중해를 깊이 사랑했던 작가였다.

카멜 벙커 정상에서 내려다본 글로리에스 타워 주변의 격자형 도심 거리가 바둑판처럼 질서정연하다. 도심의 건축물들은 사각형 도형을 블록화하여 연속적으로 배열해 놓은 거대한 공간 예술의 한 장면 같다. 그리고 하나같이 하얀 벽면에 주황색 지붕으로 수를 놓은

듯이 우아한 도시 전경은 유럽 도시 특유의 품격을 드러낸다. 이러한 아름다움은 단순한 우연이 아니다. 바르셀로나는 도시 건설 초기부터 치밀한 설계에 따라 건축물과 거리 하나하나를 계획적으로 조성해 왔고, 이는 일관된 도시 정책과 시민들의 협력이 뒷받침되었기에 가능한 일이었다. 지자체의 장이 바뀔 때마다 도시 정책이 급변하고 사업이 중단되는 우리나라의 현실과는 분명 대비된다.

산허리를 따라 구불구불 이어지는 산책로에는 이른 아침부터 애완견과 함께 산책하거나 조깅하는 이들의 모습이 여기저기 눈에 띈다. 그들에게서 삶의 여유와 건강함을 느낀다. 정상에 서서 한 바퀴 빙 돌아보니 바르셀로나의 전경이 파노라마처럼 발아래 펼쳐진다. 눈부신 햇살 아래 짙푸른 속살을 드러낸 지중해도 드넓은 자태를 뽐낸다. 지구 반대편 타국의 산정에서 보는 조금은 낯설고 이색적인 해돋이가 마음을 들뜨게 한다. 잠시 눈을 감고 소원을 빌어본다.

큰아들과 함께 카멜 벙커를 둘러보고 내려오는 길. 문득 서양 영화 속에서나 보던 집시(Gypsy, 코카서스 인종에 속하는 흑발, 흑안, 황갈색 피부의 소수 유랑 민족으로, 일정한 거주지가 없이 이동하며 사는 사람들) 여인을 눈앞에서 마주한다. 파리한 모습의 그녀는 이른 아침부터 산자락 밑 외딴 집 텃밭 사잇길을 망연히 서성이고 있다. 한눈에 봐도 고단한 삶의 무게가 고스란히 느껴진다.

순간, 나도 모르게 "집시~, 집시~, 집시~ 여인!" 하며 콧노래를 흥얼거리다가 큰아들에게 타박을 듣는다. 아들 앞에서 철없는 내 모습이 부끄럽기 짝이 없다. 나는 길모퉁이에서 쓸쓸한 그녀의 모습을 물끄러미 바라보다가 말없이 산길을 내려온다. 그 집시 여인의 헝클어진 머리, 남루한 옷차림이 계속 눈에 밟혀 숙소로 돌아오는 내내 마음이 심란하고 발걸음이 무겁다.

내가 느낀 바르셀로나

카멜 벙커에서 일출을 보고 숙소로 돌아오는 길에 경험한 스페인 제2의 도시 바르셀로나에 대한 인상은 다소 혼란스럽다. 길가에 누더기를 덮고 웅크린 채 앉아 있는 노숙인들, 지나치는 행인에게서 이따금 풍겨오는 진한 대마초 냄새, 후미진 길모퉁이에서 나는 불쾌한 소변 냄새, 액세서리류를 들고 막무가내로 막아서는 잡상인들, 내가 기대한 세계적인 관광 도시 바르셀로나와는 다른 아쉬운 모습이다.

게다가 바르셀로나는 스페인 내에서도 좀도둑과 소매치기가 많기로 유명하다. 가령, 공항버스를 이용할 때 버스가 정류장에 멈춘 사이 도둑이 짐칸에 둔 가방을 마치 자기 것인 양 태연히 끌고 사라진다거나, 지하철 승하차 시에는 2~3명의 소매치기범이 짝을 이루어 관광객의 주의를 분산시킨 뒤 순식간에 지갑을 빼내 가기도 한다. 또한, 노천카페에서 차를 마시거나 식사를 할 때, 테이블 위에 올려놓은 휴대폰이 눈 깜짝할 사이에 사라지는 일도 흔하다. 다양한 수법의 잡범들이 활개 치는 이 도시에서, '혹시 나도 표적이 되어 피해를 입지 않을까?' 하는 불안감 속에 한시도 긴장을 늦출 수 없었다.

최근 유럽의 유명 관광 도시들 가운데는 오버투어리즘(Overtourism)으로 인해 지역 주민들의 성난 민심이 들끓고 있는데, 도시 당국은 무엇보다도 이 문제에 대한 근본적인 대책을 시급히 마련하여 관광객들이 안심하고 여행할 수 있도록 뒷받침해야 한다. 여행객의 안전이 보장되지 않는 관광지는 아무리 빼어난 절경을 지니고 있더라도 결국 그림의 떡에 불과하기 때문이다.

그럼에도 불구하고 지하철 객차 안에서 마주한 바르셀로나 일반 시민들의 모습은 오히려 정감 있게 다가온다. 그들의 꾸밈없는 태도와 담백한 표정은 타인의 시선을 많이 의식하며 살아가는 우리들과는 사뭇 달랐다. 자기만의 확고한 가치관을 지닌 채 자유분방하게 살아가는 서구인들의 삶의 방식에서 배울 점이 많다.

또한, 바르셀로나 시민들은 일상생활에서 실용성과 편리성을 무

엇보다 중시하는 사람들로 보인다. 도로 위를 달리는 자동차의 대부분이 소형차라는 점에서도 그들의 사고방식을 엿볼 수 있다. 누군가는 도로가 좁기 때문이라고 말할지도 모르지만, 그것만으로는 설명이 부족하다. 본질은 과시욕이나 허영심보다 실용성과 효율을 중시하는 그들의 가치관에서 비롯된 결과라는 생각이 든다.

각본 없는 패션쇼의 현장, 람블라스(La Rambla) 거리

오늘은 바르셀로나 최고의 번화가인 람블라스(La Rambla) 거리를 지나 가족끼리 오붓하게 시내 자유여행에 나선다. 람블라스는 바르셀로나 북쪽의 카탈루냐 광장에서 남쪽의 항만 인근 파우 광장까지

길게 뻗어 있는 거리이자 산책로다.

이곳은 파블로 피카소, 살바도르 달리, 호안 미로 등 스페인 출신의 유명 화가들이 생전에 자주 거닐었던 명소로 널리 알려져 있다. 또한, 현실과 도덕(6펜스)을 내팽개치고, 이상과 예술(달)을 좇는 주식 중개인 찰스 스트릭랜드(폴 고갱과 오버랩되는 작중 인물)의 삶을 다룬 소설, 『달과 6펜스』로 유명한 영국의 작가 윌리엄 서머싯 몸은 이 람블라스를 "세계에서 가장 매력적인 거리"라며 극찬하기도 하였다.

한낮의 람블라스 거리를 걷다 보면 스쳐 지나는 사람들의 모습이 각양각색이다. 다양한 피부색을 지닌 사람들, 키와 체격이 크고 작은 사람들, 형형색색의 옷차림에 여러 가지 장신구를 걸친 사람들……. 처음 마주하는 신기한 풍경에 어안이 벙벙해진다. 지금 이 거리를 지나는 세계 각국의 사람들이, 마치 있는 그대로의 모습으로 런웨이를 펼치는 각본 없는 패션쇼의 한 무대처럼 느껴진다. 어쨌든 이 순

간, 나도 그 무대 위를 걷는 세계인의 한 사람이라는 생각에 어깨가 절로 으쓱해진다.

람블라스 거리의 끝, 남쪽 항만의 파우 광장 옆에는 콜럼버스 기념탑이 우뚝 서 있다. 이 기념탑은 과거 콜럼버스가 신대륙을 발견하고 돌아와, 후원자인 이사벨 1세 여왕에게 그 소식을 전하기 위해 산타마리아호의 닻을 내렸던 바로 그 자리에 세워졌다고 한다. 60m 높이의 콜럼버스 기념탑 꼭대기에는 전망대도 있다. 기둥 모양의 타워 중앙을 관통하는 엘리베이터를 타고 전망대에 오르면 바르셀로나의 전경을 한눈에 내려다볼 수 있다. 전망대에서 바라보는 곱디고운 파스텔톤의 바르셀로나 시가지와 지중해를 점점이 수놓은 형형색색의 선박들이 따스하게 어우러진 모습은 마치 한 폭의 풍경화 같다.

콜럼버스 기념탑을 둘러본 뒤, 다시 람블라스 거리 쪽으로 향해 좁은 골목길을 따라 한참을 걷다 보니 어느새 바르셀로나 시청 앞 광

장에 도착해 있다.

약간 촌스럽게 들릴지 모르겠지만, 나는 여행지 어디를 가든 그곳의 랜드마크 앞에 서면 숨길 수 없는 아저씨 감성이 발동해 기념사진을 꼭 찍어야 직성이 풀린다. 두 아들은 이런 내 모습이 부끄러운지 멀찌감치 떨어져 지켜본다. 나도 그 눈치를 봐가며 최대한 자제하려고 애쓰지만, 억누를 수 없는 아재 본성을 어찌하랴? 이렇게 또 기념사진 한 장을 남기고는 시청 광장 옆 카페에 들러, 빵과 커피를 주문해 놓고 잠시 쉬어간다.

휴식을 마치고 일어서는데, 아내가 근처에 유명한 향수 가게가 있다며 들어가 보자고 한다. 어떻게 알았냐고 묻자, 밤새 인터넷을 뒤져 알아냈다고 한다. 어처구니가 없어 그냥 따라나선다. 상점에 들어선 아내는 점원이 건네는 향수 샘플을 하나하나 맡아보며 고르더니, 생각보다 제품도 다양하고 가격도 저렴하다며 향수 하나를 구입한다.

천재의 건축 작품,
시우타델라 공원(Parc de la Ciutadella) 산책

향수 가게를 나와, 가우디가 고등학교 졸업 작품으로 설계했다는 시우타델라 공원(Parc de la Ciutadella)으로 향한다. 이곳은 바르셀로나 시민들이 가족과 함께 담소를 나누며 가볍게 산책하기 위해 자주

찾는 도심 속 쉼터다. 그래서인지 입장료도 받지 않는다.

연못 난간에 앉아 뒤편 구조물을 올려다본다. 꼭대기엔 황금 마차와 마부, 그리고 그들을 호위하듯 포효하는 네 마리의 비룡 조각상이 당장이라도 하늘로 날아오를 듯한 기세다. 연못 수면에 드리워진 이 구조물의 물그림자는 데칼코마니처럼 아름답게 펼쳐져 있다.

따사로운 햇살 아래 공원길을 천천히 걸으며, 스페인의 천재 건축가 안토니오 가우디가 바르셀로나에 남긴 위대한 건축 예술품들을 하나하나 떠올려 본다.

바르셀로나 시내 투어 도중, 가이드가 수신기를 통해 들려준 가우디의 인생 역정이 아직도 귓가에 생생하다. 74세의 가우디가 초라한 노인의 몰골로 전차에 치였을 때, 아무도 그를 알아본 이가 없었다고 한다. 그는 여러 병원을 전전했지만 끝내 방치되었고, 제때 치료

를 받지 못한 채 사고 사흘 만에 쓸쓸히 생을 마감하고 말았다고 한다. 생각할수록 허망하고 안타까운 죽음이다.

나는 불멸의 천재 건축가가 잠든 사그라다 파밀리아 성당 지하의 무덤을 향해 마음속으로 명복을 빌어본다. 더불어 가우디가 바르셀로나에 남긴 위대한 건축 예술은 인류의 역사와 함께 영원히 기억될 것임을 믿어 의심치 않는다.

안토니오 가우디(Antonio Gaudíy, 1852~1926):
스페인의 건축가

출처: 위키백과

칼솟타다(대파 구이)와 양 갈비 요리

시우타델라 공원에서 나와 점심을 먹기 위해 바르셀로나에서 칼솟타다(Calçotada, 대파 구이) 요리로 유명한 란틱 포른(L'Antic Forn) 레스토랑을 찾아간다. 이곳은 우리나라 여러 블로그에서도 바르셀로

나의 대파 구이 맛집으로 자주 소개되는 곳이다.

칼솟타다 요리는 주로 겨울철에 즐겨 먹는 스페인의 전통 음식이다. 20여 분을 걸어 도착한 레스토랑 내부는 이미 손님들로 가득 차 있다. 어쩔 수 없이 가게 밖 노천 식탁에 자리를 잡고 앉아 메뉴판을 펼쳐본다. 육식을 좋아하는 나와 큰아들은 양 갈비 요리와 와인을 주문하고, 채식 성향이 강한 아내와 작은아들은 칼솟타다 요리에 맥주를 곁들이기로 한다. 한국에도 많이 알려진 칼솟타다는 구운 대파의 겉껍질을 벗겨내고 카탈루냐 지방의 전통 소스인 로메스코(Romesco)에 찍어 먹는 요리이다. 그런대로 무난한 맛이다.

한편 양 갈비 요리는 양의 갈비를 길쭉하게 자른 뒤, 소금만 살짝 뿌리고 별다른 양념 없이 숯불에 단순하게 구워낸 것이다. 여행을 준비하며 나는 스페인에 가면 양 갈비를 실컷 먹어보리라 마음먹었었다. 설레는 마음으로 접시 위의 갈비 한 대를 집어 들고 한입 베어 문다. 그러나 내가 기대했던 담백하고 고소한 맛과는 전혀 다른, 예상 밖의 맛이 입안에 퍼진다. 조리 과정에서 잡내를 제거한 한국식

염소 고기 맛쯤으로 짐작했건만, 완전히 빗나간 맛이다.

스페인의 양 갈비는 특유의 노린내가 강하고 느끼한 맛이 진하게 배어 있다. 여행 전부터 뇌리에 품고 있던 양 갈비에 대한 환상이 오늘 산산이 깨져버리는 순간이다. 우스갯소리로 양 갈비에 완전히 테러당한 느낌이다. 속으로 이제 다시는 여행 중에 양 갈비 타령을 하지 않으리라 작심한다.

보케리아 시장(Mercat de la Boqueria) 그리고 타파스 맛집 비니투스(Vinitus)

그럭저럭 점심을 해결한 뒤, 람블라스 거리 근처에 있는 보케리아 시장(Mercat de la Boqueria)을 구경하기 위해 발걸음을 재촉한다.

바르셀로나 시민들이 산 조세프 시장(Mercat de Sant Josep)이라고

부르는 이곳은, 미식가들의 천국이라 불릴 만큼 다양한 먹거리들로 가득 찬 재래시장이다. 조금 과장해서 말하면 없는 게 없을 정도다.

시장 안에는 들던 대로 하몽, 와인, 빵, 과자류 등을 비롯해 온갖 먹을거리들이 넘쳐난다. 한국의 전통시장과 크게 다르지 않은 풍경이다. 시장 밖 널찍한 공터에서는 온종일 거리 예술가들의 공연이 끊이지 않아 보는 재미도 쏠쏠하다.

하루 내내 시내 곳곳을 구경하며 돌아다니다 보니 모두 피곤한 기색이 역력하다. 시장 구경을 짧게 마치고 숙소로 돌아와 달콤한 휴식을 취한다. 굳이 말하자면, 우리는 지금 여행자의 시에스타(Siesta)를 즐기고 있는 셈이다.

체력을 충전한 우리는 저녁 8시쯤 다시 숙소를 나선다. 마침 저녁 식사를 예정한 레스토랑 근처에 스페인 의류 브랜드 마시모두띠(Massimo Dutti) 매장이 있어, 먼저 그곳에 들러 옷을 구입한 후 저녁

을 먹기로 하고 지하철을 이용해 시내로 향한다.

저녁 식사 장소는 바르셀로나의 타파스 맛집으로 널리 알려진 비니투스(Vinitus) 레스토랑. 지하철에서 내려 곧장 마시모두띠 매장에 들러 쇼핑을 마친 후, 밤 9시 무렵 레스토랑 앞에 도착하니 이미 가게 밖까지 긴 줄이 늘어서 있다.

우리 기준으로는 다소 늦은 시간인데도 불구하고, 이렇게 줄이 길다니 조금은 의외다. 알고 보니 스페인 사람들은 보통 저녁 식사를 밤 8시에서 10시 사이에 즐기는 편이라고 한다. 여기서 또 한 번 문화적 차이를 실감한다. 우리도 조용히 긴 줄의 끝에 선다. 20분 남짓 대기 줄에 서서 기다린 끝에 드디어 입장. 자리를 잡고 앉아 꿀 대구찜, 빠에야, 오징어볶음 등 다양한 요리들과 맥주, 와인을 주문해 놓

고 기다린다.

얼마 지나지 않아 주문한 음식이 차례로 식탁 위에 놓이자, 우리는 각자 개인 접시에 덜어 한 입씩 맛본다. 나는 점심 식사 때 양 갈비의 배신을 겪은 터라, 시장이 반찬이라고, 주문한 음식들의 맛이 모두 꿀맛같이 느껴진다.

화려하고 감각적인 레스토랑 내부의 인테리어도 식욕을 돋우는 데 한몫한다. 오늘 하루의 여정을 이야깃거리 삼아 도란도란 대화를 나누며 단란한 저녁 식사를 즐긴다. 그야말로 소소하지만 확실한 행복이다.

숙소로 돌아오는 길, 호텔 옆에 있는 카르푸 매장에 들러 생수와 과일, 베르무트 안주용 하몽(Jamón)을 사서 들어온다.

톱으로 자른 산,
몬세라트(Montserrat)를 향해

바르셀로나에 머문 지 벌써 3일째 되는 일요일 아침. 오늘은 바르셀로나 여정 중 내가 가장 기대하고 있는 몬세라트의 베네딕트 수도원을 방문하는 날이다. 몬세라트(Montserrat, 톱니 모양의 산)는 바르셀로나에서 북서쪽으로 약 60km 떨어진 곳에 위치한 기암괴석의 바위산이다.

몬세라트 베네딕트 수도원 관람은 시외 지역을 당일치기로 다녀오는 일정이라 시간 관리가 중요하다는 말에, 어제 큰아들은 지하철 승·하차 역을 미리 답사해 두었다. 부모의 편안한 여행을 위해 말없이 애쓰는 큰아들의 세심한 배려에 가슴이 뭉클해진다. 이른 아침, 숙소에서 간단히 컵라면으로 아침을 해결한 우리는 큰아들의 안내에 따라 지하철 드라사네스역에서 출발해 22개의 역을 지나 에스파냐(España)역에 도착한다.

바르셀로나에서 몬세라트를 오가는 교통수단 중 여행자들이 가장 많이 이용하는 것은 열차다. 바르셀로나 지하철 1, 3호선이 교차

하는 에스파냐역에서 출발해 모니스트롤 데 몬세라트(Monistrol de Montserrat)역까지 운행하는 R5 열차는 하루 최대 18편이 왕복 운행된다.

우리는 차표 한 장으로 바르셀로나와 몬세라트를 오갈 수 있는 왕복 티켓을 구매한 뒤, 에스파냐역에서 R5 열차에 오른다. 몬세라트를 향해 달리는 열차의 창밖으로 펼쳐지는 따사로운 농촌 풍경이 한없이 평화로워 보인다. 맑은 햇살 아래 고즈넉한 시골 풍경이 나를 잠시 이역만리 고향 섬마을에 데려다 놓는다. 괜스레 객창감(客窓感)이 발동하는 것일까? 지금 내 몸은 지구 반대편 어느 열차 안에 머물지만, 마음은 이미 고향 섬마을을 달리고 있다. 여러 감정이 피어올랐다가 사라지기를 반복한다. 고요함, 안온함, 평화로움, 외로움, 그리움, 어머니…….

열차가 종착역인 모니스트롤 데 몬세라트역에 도착하면 곧바로 산익열차 탑승장으로 이동해야 한다. 몬세라트의 베네딕트 수도원

을 오가는 산악열차는, 궤도의 중앙에 설치된 기어형 레일과 전차의 기어가 맞물려 경사면에서도 미끄러지지 않도록 설계된 아프트식 철도로 운행된다.

산악열차 '크레마예라(Cremallera, 급경사면에 설치한 기어식 열차)'를 타고 약 5km 거리의 궤도 구간을 17분가량 오르면, 드디어 수도원 앞에 도착한다. 산악열차 승차권은 따로 구매하지 않아도 된다. 바르셀로나 에스파냐역에서 구입한 R5 열차와 산악열차 왕복 티켓 한 장이면, 모든 교통편이 한꺼번에 해결된다.

몬세라트 산악열차

차장 밖 풍경에 잠시 넋을 놓고 고향 생각에 젖어 있다가 문득 정신을 차려보니 열차는 속도를 줄이며 천천히 달리고 있다. 머지않아 종착역에 다다를 모양이다. 열차가 "삐익~, 피쉬~익" 하는 유압 브

레이크 소리를 내며 멈추자, 우리는 곧장 열차에서 내려 산악열차 탑승장으로 이동한다.

몬세라트 산정 부근에 자리 잡은 수도원까지는 다시 산악열차를 타고 올라가야 한다. 산악열차가 통행하는 선로는 대부분 편도로 구성되어 있다. 급경사를 이루는 산허리를 깎아 협소한 지면에 궤도를 깔다 보니 어쩔 수 없이 중간 지점 한두 곳에만 짧게 상·하행 선로 교차 구간을 배치해 두었다.

산 전체가 기암괴석과 분홍빛 역암으로 이루어져 있어 전망대에서 바라보는 주변 경치가 장관이다. 산 정상에는 아서왕의 성배 전설과도 연관된 '산타 마리아 몬세라트 베네딕트 수도원'이 자리하고 있는데, 이곳은 가톨릭교의 세계적인 성지로 손꼽힌다.

산악열차가 점점 산 위로 올라갈수록 차창과 직벽을 이루는 낭떠러지의 아찔함에 오금이 저리고 심장이 쪼그라든다. 고소공포증이

있는 나는 아예 산허리 안쪽 좌석에 앉아 눈을 감거나 바닥만 바라보기를 반복하며 열차가 빨리 종착점에 도착하기를 고대한다. 다행히 열차는 산 중턱, 몬세라트 8부 능선에 자리 잡은 승강장에 우리를 안전하게 내려준다.

해발 1,236m의 웅장한 바위산 몬세라트가, 마치 살아 숨 쉬는 거대한 생명체처럼 눈앞에 우뚝 서서 나를 내려다보는 것 같다. 몬세라트의 깎아지른 절벽 위에 꼿꼿이 솟은 기암괴석들도 저마다의 존재감으로 뚜렷한 인상을 심어준다.

특히 하늘을 향해 솟구친 4개의 거대한 산봉우리가 뇌리에 선명하게 각인된다. 우리나라 전라북도 무주의 마이산, 암마이봉과 수마이봉의 모습이 자연스레 떠오른다.

전망대에서 멀리 눈을 돌리면, 오른쪽 산줄기 끝에 외롭게 서 있는 '산 미겔 십자가'가 성스럽고 숭엄하게 다가온다. 마음 같아서는 그곳까지 한달음에 달려가 십자가 앞에 서서 간절한 기원을 빌어보고 싶지만, 시간이 부족해 산행을 포기해야 하는 현실이 참으로 안타깝다.

그 아쉬움을 전망대 카페에 앉아 한 잔의 따뜻한 커피와 달콤한 빵 한 조각으로 달래본다.

몬세라트 베네딕트 수도원의 검은 성모 마리아상(La Moreneta)

몬세라트 전망대에서 시원하게 펼쳐진 풍광을 실컷 즐긴 후, 성모 마리아 신앙의 성지로 알려진 베네딕트 수도원 내부를 관람하기 위해 발걸음을 옮긴다.

전망대에서 나와 도로를 따라 조금 내려가다가 계단을 오르면, 탁 트인 베네딕트 수도원 광장이 나타난다. 우리는 광장 한가운데에서 수도원을 배경으로 기념사진을 남기고, 수도원 성당 안으로 들어가기 위해 길게 늘어선 줄에 합류한다.

높은 산 깎아지른 절벽 위에 자리한 수도원에서 세속과는 절연한

채 그리스도의 가르침을 묵묵히 따르던 스페인 가톨릭교의 수도사들과 깊은 산속 가파른 벼랑 위 암자에서 속세를 내려놓고 부처의 진리를 구했던 한국 불교의 수도승들이 지향해 온 구도의 자세가 닮은꼴처럼 비교된다.

16세기, 몬세라트 바위산 위에 세워진 베네딕트 수도원 성당의 대예배당 안은 오늘도 변함없이 엄숙하고 경건한 기운으로 가득하다.

입구에 들어서면 좌우로 예수의 제자들과 가톨릭 사제들의 이름이 붙은 소예배당이 칸칸이 자리하고 있으며, 그들의 형상을 본뜬 조각상들도 눈에 띈다. 소예배당을 지나 천사의 문을 통과하면 왼쪽 벽에는 성모들의, 오른쪽 벽에는 동정녀들의 모습을 그린 타일 벽화가 장식되어 있다.

몬세라트 베네딕트 수도원 성당은 스페인에서도 특히 카탈루냐 지역 사람들이 즐겨 찾는 가톨릭의 성지이다. 대예배당 정면 중앙의 가장 높은 곳에는 1881년 카탈루냐의 수호 성물로 지정된 '검은 성모 마리아상(La Moreneta)'이 모셔져 있다.

더없이 따스하고 평온한 모습으로 아기 예수를 품에 안고 있는 성모 마리아의 모습은, 보는 이로 하여금 모성의 본질을 다시금 되새기게 한다. 성당 안에는 성모상 앞에서 기도를 올리려고 차례를 기다리는 신자들과 관람객들로 발 디딜 틈이 없다.

수도원 성당 내부를 관람한 뒤 성물 가게로 자리를 옮겨, 가족과 친지에게 선물할 기념품을 구매한다. 독실한 천주교 신자인 아내는 수도원과 대성당, 성물 가게를 두루 둘러보며 물 만난 물고기처럼 들떠 있고, 얼굴엔 내내 미소가 가득하다.

오후 2시 무렵, 수도원 성당 관람과 성물 가게 기념품 구매를 모두 마치고 하산하기 위해 산악열차 탑승장으로 서둘러 이동한다. 다행히 아직 상행선 열차가 도착하지 않아 승강장 옆 의자에 앉아 잠시 숨을 고른다. 얼마 후 열차가 도착하여 관람객들을 내려주고 하행선으로 바뀌자, 우리도 하산하는 관람객들과 함께 차례로 열차에 오른다.

나는 고소공포증을 피하려고 올라올 때와 마찬가지로 산허리 안

쪽 좌석에 앉는다. 잘 모르겠지만 체감상 내려가는 시간이 올라올 때보다 훨씬 짧게 느껴진다. 오늘 설레는 마음으로 기대하며 찾아온 몬세라트에서 또 하나의 잊지 못할 추억을 쌓아 돌아갈 수 있어 아주 흡족하다.

몬주익 언덕(Parc de Montjuïc)에서 느끼는 환희의 추억

몬세라트 일정을 마치고 돌아와 잠시 휴식을 취한 뒤, 늦은 오후 무렵 바르셀로나 남쪽의 몬주익 언덕을 찾는다. '몬주익(Montjuïc)'은 '유대인의 산'이라는 뜻으로, 과거 스페인이 가톨릭 왕국으로 통합되던 시기에 개종을 거부한 유대인들이 처형되고 매장되었던 공동묘

지가 있었던 곳이라고 한다.

이곳 몬주익에는 1992년 바르셀로나에서 개최된 하계올림픽 주 경기장 에스타디 올림픽 류이스 콤파니스(Estadi Olímpic Lluís Companys)가 자리 잡고 있다. 언덕 입구에 들어서자, 마음속 깊은 곳에서 피어나는 흥분을 억누를 수가 없다.

제25회 바르셀로나 올림픽 당시, 마라톤에서 우리나라 황영조 선수가 일본 선수를 따돌리고 당당히 금메달을 거머쥐었던 감동의 순간이 인화된 사진처럼 머릿속에 또렷이 되살아난다. 나는 언덕을 오르다가 잠시 벤치에 앉아 감격스러웠던 그날의 기억을 천천히 음미해 본다.

1992년 8월 9일, 올림픽의 꽃이자 피날레를 장식하는 마라톤 경기가 시작된다. 세계 각국의 건각들이 조국의 명예를 걸고 출발선에서서 가벼운 몸놀림과 함께 출발 신호를 기다린다. 드디어 출발의

출처: 국민체육진흥공단

총성이 울리자, 선수들이 일제히 앞을 향해 힘차게 내달린다.

대한민국의 황영조 선수는 태극 마크와 1147번 배번이 새겨진 흰 러닝셔츠에 붉은 반바지를 입고 꾸준히 선두 그룹을 유지한 채, 바르셀로나 거리를 지나 몬주익 주변의 마라톤 코스를 역주하고 있다. 마라톤에서 흔히 '마(魔)의 구간'이라 불리며 고비가 찾아오는 후반 36km 지점부터 TV 중계 화면은 줄곧 한국의 황영조와 일본의 모리시타 고이치, 두 선수를 집중적으로 비춘다. 불과 1m 거리로 엎치락뒤치락하며 몬주익 언덕의 내리막길을 내달리는 두 선수의 모습은, 아직도 내 기억 속에 박제된 채로 남아 선명하게 떠오른다.

그날 올림픽 주경기장을 뒤흔들었던 가슴 벅찬 환희의 함성이, 32년이 흐른 오늘도 이 광장에 울려 퍼지며, 내 귓가에 쩌렁쩌렁 들리는 듯하다.

몬주익 언덕의 잔디 공원에는 당시 금메달을 획득한 황영조 선수의 역주 모습을 형상화한 석상과 한글 기념비, 한·스페인 우정을 기

리는 동판이 조성되어 있어, 이곳을 찾는 한국인 관광객들의 발걸음을 잠시 멈추게 한다.

더불어 이곳 언덕 주변에는 국립 카탈루냐 미술관과 호안 미로 미술관이 가까이에 자리하고 있어, 바르셀로나를 찾는 전 세계 미술 애호가들로부터 이곳 여행의 필수 코스로 각광받고 있다.

국립 카탈루냐 미술관(Museu Nacional d'Art de Catalunya)은 본래 몬주익 국립궁전을 전시 공간으로 사용해 오다가, 이후 본격적인 미술관으로서의 위상을 갖추게 되었다. 현재 이 미술관에는 11세기부터 20세기까지 긴 세월 동안 축적된 카탈루냐의 예술품들이 소장·전시되고 있다.

한편 호안 미로 미술관(Fundaciò Joan Mirò)은 피카소, 달리와 함께 스페인 현대 미술의 3대 거장으로 불리는 미로가 후배 화가들을 양성하고 지원하기 위해 건립한 미술관이다. 그는 회화와 소묘, 태피스트리, 조각, 도자기 등에서 무의식의 세계를 포착하기 위해 자동기

술법을 예술 작업에 도입한 초현실주의 화가로 유명하다. 미술관 내부에서 미로의 회화 작품들을 감상한 후, 테라스로 이동해 따스하게 펼쳐지는 바르셀로나의 전경을 바라다보면 마음까지 충만해짐을 느끼게 될 것이다.

오감 만족의 여행,
몬주익(Montjuïc) 지구

바르셀로나 여행은 단순한 관람을 넘어, 스페인의 건축과 예술, 그리고 살아 있는 역사의 현장을 몸소 체험하는 여정이다. 그중에서도

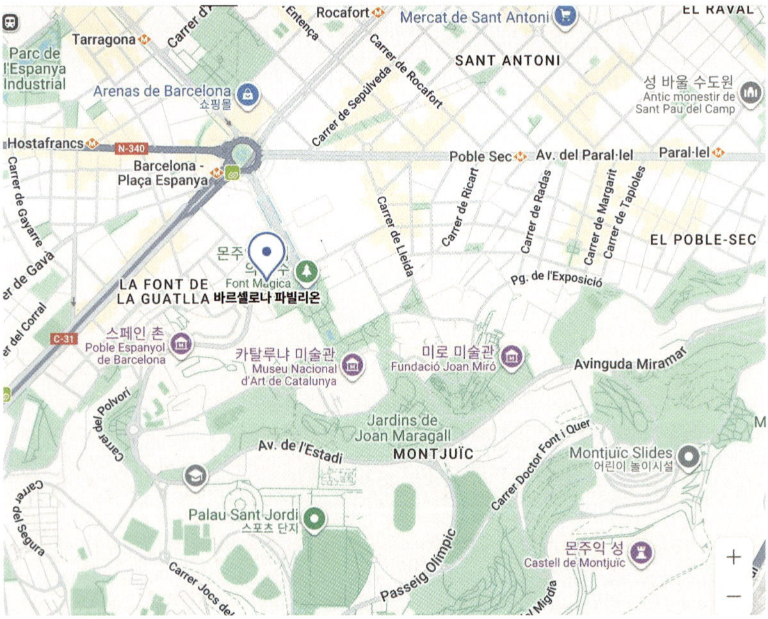

도시 남쪽의 몬주익 지구는 여행자의 오감을 만족시켜 주는 다채로운 명소들이 지근거리에 모여 있어, 바르셀로나 여행의 핵심 무대로 손꼽기에 부족함이 없다.

바르셀로나의 지붕이라 불리는 몬주익 지구는 케이블카를 타고 언덕 정상의 몬주익 성까지 올라간 뒤, 내려오는 동선을 따라 여유롭게 감상하는 루트가 가장 이상적이다. 몬주익 성에서 내려다보는 아름다운 시가지 전경, 마법의 분수에서 경험하는 신나는 음악과 시원한 물줄기와 오색찬란한 불빛, 파빌리온에서 음미하는 현대 건축의 미학, 스페인 도시 여행 명소들의 축소판 같은 스페인 촌, 그리고 아레나스 데 바르셀로나에서 즐기는 향긋한 미식까지, 이곳은 오감을 모두 만족시켜 주는 여행지로 무엇 하나 흠잡을 데가 없다.

몬주익 언덕 중턱에서 케이블카를 타고 약 3분 정도 올라가면, 바르셀로나를 한눈에 조망할 수 있는 몬주익 성(Castell de Montjuïc)에 도착한다. 이곳에는 중세 때부터 언덕 위에 성채가 있었는데, 1640

년 요새로 개축하여 20세기까지 카탈루냐인들의 바르셀로나를 감시할 목적으로 활용되다가, 지금은 군사박물관으로 운영 중이다.

또한, 이곳은 한때 카탈루냐 혁명군이 스페인 국왕에 맞서 싸우다가 비극적으로 궤멸된 역사적 장소이기도 하다. 성곽 위에 서서 내려다보는 바르셀로네타 항만과 지중해의 풍경이 눈부시게 아름답다.

몬주익 마법의 분수(Font Màgica de Montjuïc)는 라스베이거스의 '벨라지오 호텔 분수', 두바이의 '두바이 분수'와 함께 세계 3대 분수 쇼로 불릴 만큼 명성이 높다. 이 마법의 분수 쇼는 몬주익 카를레스 부이가스 광장에서 주말 저녁마다 펼쳐진다. 경쾌한 음악과 다채로운 조명이 어우러진 환상적인 공연으로, 마치 물과 빛이 빚어내는 한 편의 교향곡을 감상하는 듯하다.

분수에서 힘차게 솟구치는 물줄기와 밤하늘을 형형색색으로 수놓는 불빛은 여행의 피로를 단숨에 씻어주며 청량감까지 만끽하게 해

준다.

한편, 현대 건축의 새로운 장을 열었다고 평가받는 파빌리온(Pavilion)은 독일의 건축가 미스 반 데어 로에(Mies van der Rohe)가 1929년 바르셀로나 국제박람회 당시 독일관으로 설계한 건축물이다. 박람회 이후 철거되었지만, 건축계의 지속적인 요청에 따라 1986년 원래 자리에 충실히 복원되었다.

이 파빌리온은 수직과 수평, 격자무늬만으로 구성된 단순한 구조 안에 절제된 미학을 담아내며 당시 큰 반향을 일으켰다. 특히 건물의 하중을 벽이 아닌 기둥이 지탱하게 함으로써 현대 건축의 새로운 패러다임을 제시했다. 그리고 U자형 석회암 판벽이 감싸고 있는 수조 안에 설치된 독일의 조각가 게오르그 콜베(Georg Kolbe)의 청동 조각상 「알바(alba, 여명)」는 직선적인 공간 구성에 부드러운 감각을 더해주며, 공간 전체에 은근한 긴장과 조화를 부여한다.

스페인 광장 옆에 위치한 아레나스 데 바르셀로나(Arenas de Barcelona)는 원래 투우장이었던 건물을, 영국의 건축가 리처드 로저스(Richard Rogers)의 설계로 외관은 그대로 보존한 채 내부를 전면 리모델링하여, 2011년 복합 쇼핑몰로 다시 태어난 곳이다. 지하에는 다양한 레스토랑이, 1층부터는 쇼핑 매장과 영화관, 실내 체육관 등이 자리하고 있으며, 옥상에는 야외 전망대가 마련되어 있어 바르셀로나 전경을 한눈에 조망할 수 있다.

해발 213m, 바르셀로나의 대표 전망 명소인 몬주익 언덕을 중심으로 펼쳐지는 이 지구는 예술과 자연, 미식과 역사까지 모두를 품은 종합 여행지이다. '블라이 거리(Bleai Street)'의 정겨운 타파스 바르, 골라 먹는 재미가 가득한 '아레나 푸드코트', 전설적인 플라멩코 댄서 카르멘 아마야(Carmen Amaya)가 춤을 추었던 '타블리오 데 카르멘', 그리고 스페인 각 지방의 옛 거리를 재현한 테마파크 '스페인촌(Poble Espanyol)' 등 이곳은 눈이 즐겁고 입이 행복한, 여행의 소소한 기쁨이 가득한 곳이다.

아디오스(Adiós), 람블라스

오늘의 투어 일정을 모두 마치고 숙소로 돌아와 휴식을 취하다가, 저녁 무렵 빈 가방을 둘러메고 람블라스 거리를 따라 카탈루냐 광장으로 향한다. 이틀 전 저녁, 가족과 함께 기분 좋게 즐겼던 스페인산 베르무트 레제르바(Vermouth Reserva)와 간단한 안주 그리고 버거를 사 담아오기 위해서다.

먼저 람블라스 거리 초입, 카탈루냐 광장 오른편에 자리한 파이브 가이즈 매장에 들러 가족 수만큼 치즈버거를 사서 밖으로 나온다.

그런 다음, 코끝을 감도는 은은한 향과 달짝지근한 맛이 일품인 알코올 도수 18%의 베르무트 레제르바를 구입하기 위해 광장 근처의 카르푸 매장을 찾는다. 그런데 매장 앞에 도착해 보니 일요일 휴장을 알리는 문구와 함께 출입문이 굳게 닫혀 있다. 무척 실망이다. 이 베르무트는 워낙 인기가 높아 일반 마트나 편의점에서는 좀처럼 구하기가 쉽지 않다. 아쉽지만 어쩔 수 없이 빈손으로 숙소를 향해 돌아선다.

아무래도 오늘 밤, 바르셀로나에서의 마지막 밤을 기념하는 축배는 세비야에 도착한 뒤로 미뤄야 할 것 같다. 축배가 빠져 조금 아쉬움이 남지만, 방금 사 온 치즈버거에다 한국에서 가져온 햇반과 볶음김치, 깻잎장아찌, 김자반 등을 펼쳐놓고 가족끼리 단란한 저녁 식사를 나눈다. 저녁을 먹고 바르셀로나 여행의 소감을 나누다가, 내일

세비야로 이동하기 위해 각자 캐리어를 정리하여 싼 후 일찍 잠을 청한다.

"Adiós(안녕), 람블라스! 잊지 못할 추억을 남겨줘서 고마워."

바르셀로나 지하철 노선도

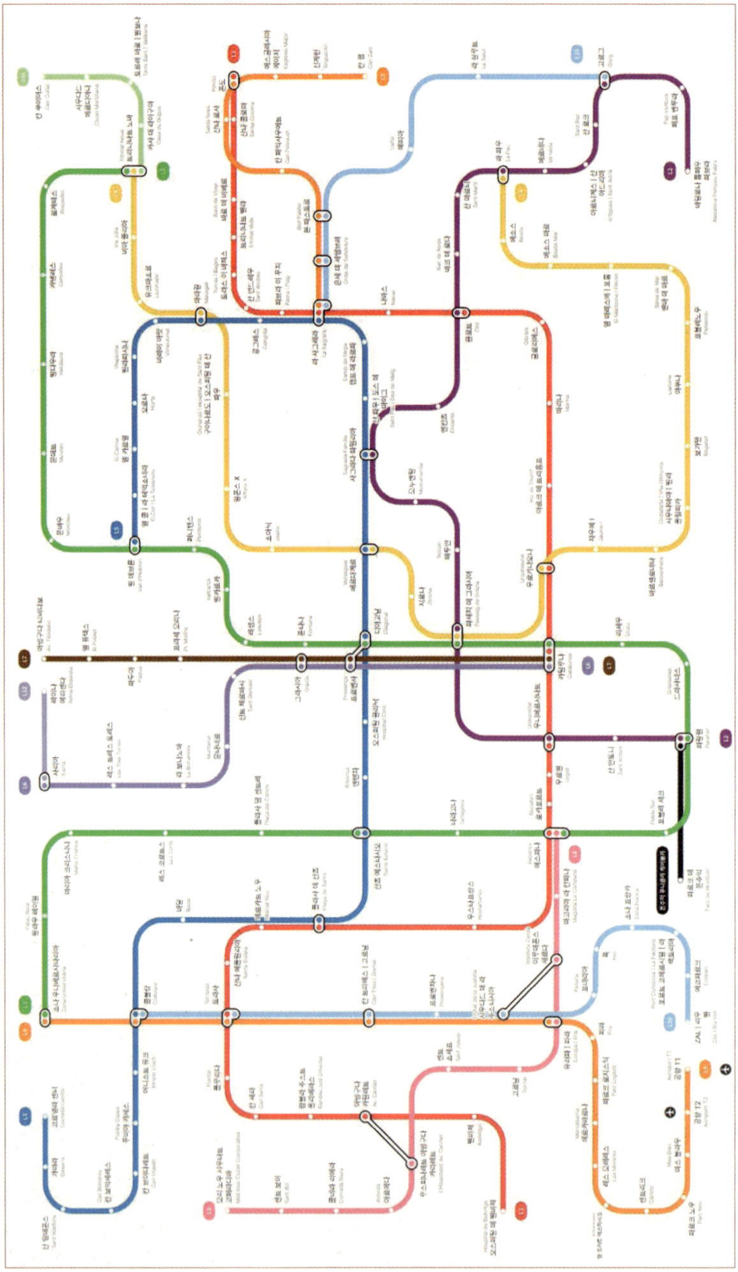

Spain

2부

남국의 애수 어린 플라멩코 선율,
세비야

-세비야(론다/말라가/지브롤터) 여정(2024. 01. 22.~01. 26./4박 5일)-

▶ 05일 차(22일):

세비야 공항 → 히랄다 호텔 → 세비야 알카사르 → 과달키비르강 → 스페인 광장

▶ 06일 차(23일):

세비야 · 론다 사이의 국도 → 론다(누에보 다리, 엘 타호 협곡) → 말라가(말라게타 해변, 피카소 미술관) → 세비야 히랄다 호텔

▶ 07일 차(24일):

스페인 광장 → 안달루시아 국도 → 지브롤터(유로파 포인트 등대, 그랜드 케이스메이트 광장, 지브롤터 전망대) → 세비야 히랄다 호텔 → 메트로폴 파라솔

▶ 08일 차(25일):

세비야 시내 투어(산타크루스 거리) → 카르푸 매장→ 세비야 공항(렌터카 반납) → 세비야 대성당(콜럼버스의 관, 히랄다 탑)

▶ 09일 차(26일):

히랄다 호텔 → 세비야(산타 후스타역) 출발 → 마드리드행 고속 열차 → 마드리드(아토차역) 도착

안달루시아의 심장,
세비야를 향해

아침 7시, 이번 여행의 첫 번째 거점 도시 바르셀로나에서 4박을 하며 지냈던 안단테 호텔 체크아웃을 마친다. 숙소에서 나와 싸늘한 아침 공기를 가르며 캐리어 바퀴 소리를 따라 어두컴컴한 람블라스

거리를 걷는다. 한참을 걷고서야 카탈루냐 광장 옆 공항버스 정류장에 도착해 A1 공항버스에 오른다.

버스 출발을 기다리며 창밖을 내다본다. 바르셀로나에 머무는 동안 자주 거닐었던 람블라스 거리. 이제 떠나면 언제 다시 올지 알 수 없어, 서운함을 감추지 못한 채 마음속으로 람블라스와의 기약 없는 작별을 고한다.

이내 출발한 버스는 시내 정류장 몇 군데를 거쳐 우리를 바르셀로나 엘 프라트 공항 입구에 내려놓는다. 비행기 탑승까지는 아직 한 시간이나 넘게 남아 있다. 공항 내 커피숍에 들러 꼬르따도(Cortado, 에스프레소에 따뜻한 우유를 더한 커피) 한 잔과 사과잼 파이로 단출하게 아침을 해결한다.

잠시 후, 우리는 탑승장으로 이동해 막간의 휴식을 취한 뒤 세비야행 부엘링 항공기에 오른다. 바르셀로나를 이륙한 비행기는 약 1시간 30분가량 창공을 날아 무사히 세비야 공항에 착륙한다.

이번 여행의 두 번째 거점 도시, 세비야. 공항에 첫발을 내딛는 순간, 온몸으로 전해오는 공기부터가 다르다. 세비야가 바르셀로나보다 남쪽에 위치하는 이유도 있겠지만, 한겨울이라는 사실이 무색하리만치 따스한 바깥 공기가 여행자의 기분을 한층 더 들뜨고 설레게 한다. 마치 어느 봄날 샛노란 병아리들이 어미 닭을 따라 종종대며 걷고 있는 시골집 마당에나 들어온 것처럼 이 도시가 안온하고 정겹다.

공항 수속을 서둘러 마치고 공항 내 렌터카 대여점으로 향한다. 우리 가족이 세비야에 머무는 동안 렌터카를 이용해 남부 안달루시아 지역을 자유롭게 여행하기 위해서다.

지금까지 이번 여행의 일정 대부분은 사전에 예약해 두어 순조로웠지만, 렌터카만큼은 대여할 도시를 확정하지 못한 채 출발했던 탓에 예상치 못한 난관에 맞닥뜨리고 만다. 예약 없이 현지에서 직접 차량을 대여하려고 보니, 우리가 필요로 하는 크기의 차량이나 원하는 차종은 이미 모두 대여 중이다. 어쩔 수 없이 바로 대여 가능한 소

형 SUV 차량을 선택하기로 한다. 만약 여행 중 렌터카를 이용할 예정이라면 출발 전에 반드시 예약해 둘 것을 권한다.

아내와 내가 잠시 우두망찰해 있는 사이, 작은아들은 공항 내 'Avis Budget' 대여점에 들어가 4일 동안 이용할 차량의 대여비를 결제하고, 소형 푸조 SUV 한 대를 대여해 나온다. 우리는 렌터카 지정 주차장으로 이동해 짐칸에 캐리어를 포개어 싣고 세비야에서 머물 숙소로 향한다.

화창한 날씨에 거리마다 다양한 양식의 건축물들이 줄지어 서 있고, 주황빛 열매를 품은 오렌지나무 가로수가 길게 이어진다. 세비야의 거리 풍경은 그 자체로 눈부시다. 공항에서 차로 약 20분, 이번 여행 중 4박 5일 동안 머물기로 예약해 둔 히랄다 호텔(HOTEL GIRALDA CENTER)에 도착하니, 오후 1시를 막 넘긴 시각이다.

서둘러 호텔 체크인을 마치고 객실 내부로 들어서니 침실이 무척 깔끔하고 고급스러워 보여 대만족이다.

이대로 침대에 누워 한숨 자고 싶은 생각이 절로 든다. 내가 코를 심하게 고는 통에 바르셀로나에 이어 이번에도 배려심 많은 작은아들이 룸메이트다. 아무런 내색 없이 기꺼이 코골이 아빠와 방을 함께 쓰기로 한 작은아들이 대견하고 고맙다.

뉴욕 버거가 일품인
까나스타(La Canasta) 레스토랑

아내가 객실에서 휴식을 취하는 동안, 우리 삼부자는 오는 1월 26일 마드리드행 기차표를 예매하기 위해 렌터카를 타고 세비야 산타 후스타(Santa Justa)역으로 향한다.

기차표를 예매한 뒤 숙소로 돌아와 간편한 복장으로 갈아입고서

늦은 점심을 먹기 위해 다시 호텔을 나선다. 트램(Tram)을 타고 세비야 시내를 천천히 가로지르며 창밖으로 펼쳐지는 산타크루스 거리의 풍경을 감상하다가 세비야 대성당 앞에서 내린다.

고개를 들어 하늘을 보니, 구름 한 점 없는 창공이 눈부시다. 머리끝으로 전해오는 따사로운 햇살이 온몸을 포근하게 감싼다. 대성당 앞 거리는 오가는 트램과 사람들로 북적이지만, 나는 이상야릇하게도 이 낯선 거리에서 정겨운 고향에나 온 듯 푸근하고 편안한 느낌을 받는다.

이 묘한 느낌은 무엇일까? 아마도 예전에 경험한 풍경이나 정서가 기억 속 어딘가에 깊이 남아 있다가, 비슷한 장면을 마주했을 때 되살아나는 그런 감정이 아닐까 싶다. 어쨌거나 도착 첫날부터 세비야가 주는 인상이 참으로 따뜻하고 좋아서 여행의 기대감이 커진다.

트램에서 내려 5분쯤 걸어가니 세비야 대성당 건너편에 뉴욕 버거

가 맛있기로 소문난 까나스타(La Canasta) 레스토랑 앞에 도착한다.

명불허전(名不虛傳)이라고, 소문대로 버거 맛이 일품이고 양도 푸짐해서 속이 출출한 여행객이 늦은 점심으로 먹기에 딱 알맞은 한 끼 식사다.

무데하르(Mudéjar) 건축 양식의 걸작, 세비야 알카사르(Real Alcázar)

아내와 나는 레스토랑을 나서며, 서로 다른 일정을 가진 두 아들과는 숙소에서 만나기로 하고 세비야 시내 관광에 나선다. 세비야 대성당 앞에서 출발해 스페인 광장을 향해 천천히 걸어가던 중, 아주

독특한 양식의 건축물과 마주하게 된다. 바로 스페인의 무데하르 건축 양식(Mudéjar architecture, 이슬람풍의 기독교 건축 양식)을 대표하는 걸작, 세비야 알카사르(Real Alcázar)다. 이곳은 미국 드라마 「왕좌의 게임」의 '도르네 편' 촬영지로 널리 알려져, 해마다 수많은 관람객이 찾는 세비야의 대표 관광 명소 중 하나다.

무데하르 건축 양식 특유의 섬세함과 우아함을 자랑하는 궁전 내부는 단숨에 나그네의 시선을 압도하며 발걸음을 멈춰 서게 한다. 세비야 알카사르 하면 떠오르는 아치 구조의 건축물과 직선의 수로를 사이에 두고 좌우 대칭되는 메인 파티오를 비롯해, 기하학적 문양으로 정교하게 수놓은 채색 타일 장식, 돔형의 원형 천장, 야외 정원 파티오 델 크루세로(Patio del Crucero) 등은 품격 있는 왕궁의 고급스러움을 그대로 전해준다.

또한, 이곳에는 페드로 궁전 외에도 카를로스 1세의 궁전, 콜럼버

스가 탔던 산타마리아호의 모형, 야자수 아래 격자형으로 다듬어진 드넓은 야외 정원, 아름다운 조형물들로 꾸며진 분수대 등 다양한 볼거리들이 넘쳐난다.

이 왕궁은 중세 카스티야 연합 왕국의 국왕 페드로 1세가 이슬람 건축 양식에 매료되어, 14세기 후반 이슬람 지배하에 세워졌던 요새 자리에 건설한 건축물이다. 특히 세비야 알카사르는 그라나다의 알람브라 궁전을 모델로 삼아 이슬람 건축 장인들에 의해 지어진 왕궁으로도 유명하다.

남부 안달루시아 지방은 스페인 역사 속에서도 아랍의 지배가 가장 길었던 지역으로, 이슬람 문화유산의 보고(寶庫)라고 할 수 있다. 특히 코르도바의 '메스키타 회교 사원(Cathedral de Mezquita)', 세비

야의 '알카사르(Real Alcázar)', 그라나다의 '알람브라 궁전(Palacio de Alhambra)' 등은 중세 이베리아반도에서 찬란히 꽃핀 이슬람 왕국의 역사와 문화를 상징하는 대표 유산들이다.

다채로운 양식의
건축물들이 지어내는 앙상블, 세비야

세비야 대성당과 히랄다 탑을 관람하기 위해 찾아온 여행객들로 북적이는 카스코 안티구오(Casco Antiguo) 지구를 무심히 걷다 보니 어느새 살바도르 광장(Plaza del Salvador)에 도착해 있다.

이곳에서부터 현지인들이 주로 거주하는 골목이 시작되는데, 그

양옆으로 이어지는 크고 작은 건축물들이 절묘한 조화를 이루며 독특한 풍경을 연출한다. 유명한 바(Bar)들이 밀집해 있는 산타카탈리나(Santa Catalina) 지구의 성당 근처에 다다르자, 화려한 귀족 저택인 필라토의 집(Casa de Pilatos)이 눈길을 사로잡는다.

이 건축물은 이슬람풍의 무데하르 양식에 유럽식 요소와 이탈리아 르네상스 양식이 조화롭게 더해져, 주변 건축물들과는 분명히 다른 독특한 분위기를 자아낸다.

여기서 세비야대학교 쪽으로 조금 더 내려가면 과거 유대인들이 거주하던 산타크루스(Santa Cruz) 지구에 이른다. 17세기 이후 세비야의 명문 귀족들이 이곳에 정착하면서 부촌을 이루고 고급 주택가로 변모했다. 지금도 근사한 저택들이 고스란히 남아 있어 세월의 무게를 느끼게 한다.

세비야 도심에는 플라멩코(Flamenco, 스페인 남부 안달루시아 지방 집시들의 춤과 음악)의 애절한 선율이 골목마다 울려 피지고, 고색창연한

건축물들이 각기 다른 양식으로 웅장한 자태를 뽐내고 서 있다. 생전 처음 건축물에서 느껴보는 묘한 감동이다. 바큇살처럼 잘 정돈된 방사형 거리 위에 고딕, 바로크, 로마네스크 양식의 건축물들이 어우러져 만들어 내는 도심의 조화는 신비롭고도 매혹적이다. 지금 이 거리를 걷고 있는 내가 마치 한 편의 서양 영화 속 주인공이 된 듯 괜스레 어깨가 으쓱해진다.

유럽 도시의 건축물들이 대개 그렇듯이 세비야의 건축물들 또한 수백 년의 세월을 견뎌낸 견고함을 품고 있다. 선진 건축 공법에 내진 설계까지 두루 갖춘 일본의 현대 건축물보다도 훨씬 더 단단해 보인다. 정말로 '천재 건축가의 나라'라는 수식어가 아깝지 않다.

세비야 거리 여기저기서 마주하는 다양한 양식의 견고하고 화려한 건축물들로 인해 도시 전체가 하나의 거대한 건축박람회의 현장처럼 느껴진다.

세비야를 키운 어머니의 강,
과달키비르강(Río Guadalquivir)

인간의 삶과 떼려야 뗄 수 없는 것이 바로 물이다. 일찍이 크고 긴 강이 흐르는 유역을 중심으로 인류 문명이 뿌리를 내리고 꽃피운 것만 보더라도 물이 지닌 중요성은 더 말할 나위가 없다. 세계 어디를 가더라도 대도시에는 시내를 관통하며 유유히 흐르는 강이 하나쯤

은 있기 마련이다. 영국 런던의 템스강, 프랑스 파리의 센강, 헝가리 부다페스트의 다뉴브강, 미국 뉴욕의 허드슨강 그리고 우리나라 서울의 한강처럼, 여기 세비야에는 과달키비르강(Río Guadalquivir)이 도심을 가로지르며 고요히 흐르고 있다.

'과달키비르'는 아랍어 '알 와디일 카비르(الودي الكبير)'에서 유래한 이름으로, '거대한 강'이라는 뜻을 지녔다. 이 강은 스페인에서 두 번째로 긴 강(657km)인데, 상류인 코르도바에서 시작해 하류 세비야를 거쳐 지중해와 대서양으로 흘러간다. 로마 제국 시대, 로마인들은 이베리아반도에서 생산된 농산물, 은 등을 수송하기 위해 이 강가에 대규모 하천 항구를 조성했다.

세비야는 가톨릭 왕조 시절, 과달키비르강을 통해 대서양과 내륙을 연결하는 항구 도시로 크게 융성했다. 그러나 세월이 흐르며 강바닥에 침적토가 쌓이고 수심이 낮아지자, 점차 항구로서의 기능을 상실하고 만다. 결국 오늘날 세비야는 말라가, 카디스 등에 그 지위

를 내주고 만 것이다. 현재는 과달키비르강에 알폰소 13세 운하를 개설하여 비교적 낮은 수심에서도 운항이 가능한 유람선과 소형 화물선만이 강을 오가고 있을 뿐이다.

산 텔모 다리(Puente de San Telmo) 위에서 바라본 황금의 탑은 12각형의 위용을 뽐내며 마치 과달키비르강을 지키는 파수꾼처럼 서 있다. '황금의 탑(Torre Del Oro)'은 세비야의 전성기를 상징하는 구조물로, 13세기 알모하드 칼리프 왕조 시절 무어인들(Moors, 중세 이베리아반도와 북서 아프리카에 거주했던 이슬람교도 중심의 무슬림, 아랍계와 베르베르족의 후손들)이 과달키비르강을 오가는 선박을 감시하기 위해 세운 것이다. 당시에는 건너편에 '은의 탑'도 있었는데, 무어인들은 양쪽 탑을 쇠

사슬로 연결해 세비야로 향하는 배의 진입을 차단했다고 전한다. 이는 조선시대 정유재란 당시, 충무공 이순신 장군이 명량 해협에 철쇄를 설치해 왜적을 막아낸 방책을 상기시킨다. 이후 두 차례 철거 위기를 맞았던 황금의 탑은 다행히 보존되어 지금은 작은 해양 박물관으로 활용되고 있다.

강변 산책로를 따라 조금 더 내려가면 이사벨 2세 다리(Puente de Isabel II)에 닿는다. 다리 근처 강어귀에는 콜럼버스가 신대륙 항해 때 승선했다던 산타마리아호의 모형 범선이 굵은 밧줄에 묶인 채 덩그러니 서 있다.

지난날 신대륙 항해 시절, 대서양의 거센 풍랑을 뚫고 서인도 제도로 향하던 그날의 웅혼한 기상을 간직한 채, 지금은 고요한 선착장을 지키고 있는 산타마리아호의 모형 범선이 한없이 애처로워 보인다.

그런데 세비야를 안달루시아의 중심 도시로 키워낸 어머니의 강, 과달키비르강이 최근 수질 오염으로 몸살을 앓고 있다. 이 강 또한 예외 없이 전 지구적인 기후 변화와 환경 오염의 흐름을 피해 가지 못하고 있다. 나날이 수질은 나빠지고, 강물은 녹조 빛으로 변해가고 있다. 강가에 서서 병들어 가는 과달키비르강의 모습을 지켜보는 나그네의 심정 또한 안타까울 따름이다.

대항해 시대의
서막을 연 도시, 세비야

여행 출발 전, 세비야에 대해 미리 알아본 짧은 상식 몇 가지. 작열하는 태양의 도시, 정열의 플라멩코 춤사위, 거침없이 내달리는 투우, 가톨릭과 이슬람 문화가 공존하는 도시…….

세비야는 고대 로마 제국 시절부터 번성한 도시로, 서고트 왕국 시대에도 중심 도시로서 큰 번영을 누렸으며, 8세기 이후에는 이슬람 세력의 지배 아래 한층 더 발전하게 된다. 중세 시대에는 도시를 관통하는 과달키비르강을 통해 지중해로 나갔다가 되돌아오는 거점 무역항으로서의 입지 조건 때문에 상업이 크게 발달하였다. 특히 1492년, 이사벨 1세 여왕의 후원으로 대항해 시대의 서막을 연 이탈리아의 탐험가 콜럼버스가 아메리카 신대륙 항해에 나설 때, 그 출발점이 되었던 곳이 바로 이 세비야였다. 지금도 세비야 과달키비르강 어귀의 선착장에는 콜럼버스의 신대륙 항해를 기념하는 산타마리아호의 모형 범선을 정박해 두어 관광객들에게 흥미로운 볼거리를 제공하고 있다.

그렇게 나날이 번영을 이어가던 세비야도 14세기, 유럽 전역에 흑사병이 창궐하고 과달키비르강에 침적토가 쌓이면서 대형 선박이 드나들 수 없게 되자, 항구로서의 기능을 상실하고 점차 쇠퇴의 길

로 접어들게 된다.

한동안 침체기를 겪던 세비야는 20세기에 들어 안달루시아의 주도가 되었고, 1992년에는 국제박람회를 성공적으로 개최하며 다시금 주목받는 도시가 된다.

이후 대성당과 함께 스페인 광장이 새로운 랜드마크로 널리 알려지면서 세비야는 스페인 남부를 대표하는 관광 도시로 급부상하게 된다. 지금은 전 세계 여행자들이 스페인의 도시들 가운데 손꼽아 찾는 여행지로 그 입지를 탄탄히 굳힌 상태이다. 한 도시의 성쇠(盛衰)도 인간사의 부침과 크게 다르지 않음을 다시 한번 느껴본다.

스페인 광장(Plaza de España)의 타일 벤치

세비야의 매력에 흠뻑 빠져 들뜬 마음으로 걷다 보니 어느새 스페인 광장(Plaza de España) 앞이다. 세비야의 스페인 광장은 1929년 이베로 아메리칸 박람회를 맞아 스페인의 건축가 아니발 곤살레스(Aníbal González)가 설계하여 건설된 세계적인 관광 명소이다.

광장 입구 왼편에는 운하를 따라 흐르는 물이 모여 작은 호수를 이루고 있다. 호수에서 보트를 타고 유유히 노를 저으며 뱃놀이를 즐기는 사람들의 모습이 무척 한가롭고 편안해 보인다. 또한, 입구 정면에서 바라본 스페인 광장의 모습은 반달 모양의 유려한 곡선미를

살려 길게 축조한 건축물과 양쪽 끝에 우뚝 솟은 첨탑이 웅장한 자태를 뽐낸다. 스페인에는 '스페인 광장'이라는 이름을 가진 광장이 여러 도시에 존재하지만, 규모와 아름다움에서 단연 으뜸은 이 세비야의 스페인 광장이다.

광장 중앙의 거대한 원형 분수대는 끊임없이 하얀 물줄기를 뿜어내고 있다. 나는 지난 시절, 난생처음 서울 구경 나온 섬마을 소년같이 분수대 앞에 차렷 자세로 서서 기념사진을 찍는다. 무심결에 드러난 이런 내 모습이, 돌아보면 우습다가도 한편으론 흘러가 버린 어린 날이 주마등처럼 떠올라 못내 아쉽고 그리울 뿐이다.

운하 위로 놓인 4개의 다리는 스페인의 옛 왕국인 카스티야, 레온, 아라곤, 나바라를 상징한다. 다리를 건너 반원형의 광장 건물에 들어서면 회랑 앞으로 펼쳐진 아술레호스(Azulejos, 꽃이나 기하학적 무늬의 채색 타일 장식) 벤치들이 파노라마처럼 이어진다.

이 타일 벤치들에는 스페인의 주요 도시 문장(Emblem)과 그 지역의 역사적 사건이 모자이크로 정성스럽게 표현되어 있다. 회랑을 한 바퀴 돌고 나니, 스페인 각 지역에 대한 식견이 조금은 쌓인 것 같은 기분이 든다. 나에게 이 스페인 광장에서 가장 인상적인 볼거리를 하나 꼽으라면, 나는 주저 없이 이 타일 벤치를 들겠다. 이렇듯 타일

벤치는 세비야 스페인 광장에서 핵심 중의 핵심이다.

회랑을 따라 걷고 있는데 광장 중앙 테라스를 무대로 삼아 남녀 플라멩코 무용수가 정열적인 춤사위를 펼치고 있다. 어느새 무대 주위로 모여든 관람객들이 숨죽인 듯 넋을 잃고 바라본다. 아내도 덩달아 신이 나는지 손뼉까지 쳐가며 눈을 떼지 못한다. 그들의 격정적인 춤사위에 그만 내 어깨도 들썩인다. 거리 예술가의 혼이 깃든 무대가 끝나자, 우리는 작게나마 답례를 표하고 박수를 보내며 광장 한가운데로 천천히 발걸음을 옮긴다.

나는 몇 해 전 이곳 스페인 광장에서 찍은 작은아들의 사진과 똑같은 자리에서 셀카를 찍어본다. 휴대폰 배경 화면으로 설정해 둔 광장 속 작은아들의 사진과 방금 내가 찍은 사진을 번갈아 비교해 보며 스페인 광장을 빠져나온다.

해 질 녘, 첨탑을 비추는 해의 각도와 위치에 따라 신비롭게 변하는 첨탑의 빛깔이 아름답다 못해 황홀하다. 어둠이 내리고 조명이 밝혀진 광장의 야경은 더더욱 환상적이다. 아내는 이 광경을 도저히 잊을 수 없다며, 내일 또다시 보러 오자고 한다.

깨끗하고 여유가 넘치는 세비야의 거리

세비야에서 맞는 둘째 날 아침이다. 객실 창밖으로 펼쳐진 푸른 하늘이 나그네의 가슴을 설레게 한다. 오늘 우리 가족은 렌터카를 이용해 론다에 들러 누에보 다리를 관람한 후, 말라가로 이동해 피카소 미술관을 둘러보고 다시 세비야로 돌아오는 여정을 계획 중이다.

오전 9시, 렌터카를 타고 호텔을 출발해 세비야 시내에 들어서니 화창한 날씨만큼이나 기분도 한결 상쾌해진다.

신호 대기로 자동차가 잠시 정차한 틈에 차창 밖으로 눈길을 돌리니 도로변에 큼지막한 쓰레기통이 시선을 사로잡는다. 2~3개씩 나란히 배치된 PVC 재질의 네모난 대형 쓰레기통이 우스꽝스러로 참 찰지게도 생겼다. 스페인에서는 어느 도시 거리서든 몇 걸음만 옮기면 쓰레기통을 쉽게 발견할 수 있다. 해마다 8~9천만 명의 관광객이 찾는 관광 대국답게, 거리 환경을 청결하게 유지하려는 당국의 노력이 엿보인다.

그런데 흥미로운 점은 이렇게 수많은 쓰레기통과 달리, 거리나 지하철역에서 공중화장실은 좀처럼 찾아보기 어렵다는 점이다. 우리나라와는 정반대의 모습이다. 스페인에서는 외출 중 용변이 급하면 인근 가게에 들어가 상품을 구매한 후, 그곳 화장실을 이용하는 것

이 하나의 관습처럼 되어 있다.

한창 아침 출근 시간이라 그런지, 거리에는 오가는 사람들로 북적인다. 그런데 이곳 세비야의 아침 풍경은 바르셀로나에서 보았던 것과는 어딘지 조금 다르게 느껴진다. 이 두 도시의 지리적 차이도 원인일 수 있겠지만 스산했던 바르셀로나의 아침 풍경과는 달리, 세비야의 아침 풍경은 온화한 생기가 넘쳐난다. 거리를 오가는 시민들의 모습도 하나같이 단정한 차림새에 차분한 인상을 지녔고, 걸음걸이에서는 여유가 묻어난다.

차창 밖으로 흘러가는 거리 풍경과 수많은 차량 행렬을 무심히 바라보며 멍때리는 동안, 렌터카는 벌써 세비야 외곽을 벗어나 론다행 국도에 들어서 있다.

윈도우 바탕화면 같은 초원의 풍광, 세비야·론다 사이의 국도

세비야에서 론다까지, 안달루시아의 대평원을 가로지르는 국도를 달리는 동안 눈앞에 펼쳐지는 풍광은 말로 다 표현하기 어려운 감동 그 자체다. 지금까지 내 생애 한 번도 경험해 보지 못한 가장 황홀하고 아름다운 드라이브다.

도로 양옆으로 끝도 없이 이어지는 초원의 풍광이 내 눈을 맑게 정화하고 막힌 가슴을 뻥 뚫어주는 느낌이다. 지금 내가 몽골의 어느 초원에 와 있는 듯한 착각마저 든다. 컴퓨터 윈도우 바탕화면으로 뇌리에 익숙한 드넓은 초원을 직접 눈앞에서 보며 느끼는 평화로움이 나를 무아지경(無我之境)에 빠지게 한다.

눈부시게 파란 하늘에는 뭉게구름이 솜사탕처럼 흘러가고, 따사로운 햇살을 머금은 대지에는 드넓은 초원과 올리브 농장, 포도밭이 끝도 없이 이어진다. 이따금씩 나타나는 기암괴석의 높은 산이 초원의 쉼표 같아서 좋다. 정말로 비현실적인 풍광이라 하지 않을 수 없다.

그런데 어쩌면 이토록 낙원같이 평화로운 안달루시아의 풍경 뒤에는, 스페인의 평론가 마르셀 아소린(Marcel Azorín)의 『비극의 안달루시아(Andalucía Trágica)』에서처럼, 이 지방 농민들이 겪은 가난 속의 굶주림과 실병, 광활한 농지에 흘린 그들의 피땀이 숨겨져 있을

지도 모르겠다.

론다로 향하다 보면 '로스 푸에블로스 블랑코스(Los Pueblos Blancos, 하얀 마을들)'라는 이름의 아름다운 작은 마을 도시들을 만날 수 있다. 그중에서도 경사진 언덕을 따라 펼쳐진 올베라(Olvera) 마을의 시청 앞 광장은 하얀 마을의 진수를 보여준다.

마을 광장에서 계단식 골목길을 따라 언덕 위 올베라 성(Castillo de Olvera)으로 오르다 보면, 골목 양옆으로 하얀 집들이 촘촘히 이어진다. 이 순백의 마을 풍경을 바라보며 걷는 동안 나그네의 마음도 맑게 정화되는 기분이다.

올베라 마을을 잠시 돌아본 뒤, 누에보 다리를 향해 길을 재촉한다. 멀리서 보면 도로를 내달리는 렌터카가 흡사 초원의 바다를 질주하는 마리나 요트처럼 느껴질 법도 하다. 차창 밖으로 서양 영화 속에서나 보았던 그림 같은 전원의 풍경이 펼쳐져 카메라에 담는다. 세비야에서 론다로 향하는 국도를 달리는 내내 눈이 즐겁고 가슴도

시원하다.

우리 가족을 태운 자동차는 세비야에서 2시간가량을 달려 말라가 주 북서부 도시 론다의 누에보 다리 인근 주차장에 멈춰 선다.

절벽 위의 하얀 집들 그리고 누에보 다리(Puente Nuevo)

주차장을 빠져나와 누에보 다리 쪽으로 걷다 보니 고풍스러운 투우장 입구가 눈에 들어온다.

이곳이 바로 스페인 투우 역사에서 빼놓을 수 없는 론다의 투우장이다. 1785년에 완공되어 무려 200년 넘게 투우 관람객들의 사랑을

받아온 스페인에서 가장 오래된 투우장이다.

매년 5월, 스페인 전역에서 열리는 전통 투우 경기와 축제는 스페인의 정열을 상징하는 대표적인 문화다. 그러나 최근 수년간 동물 학대에 대한 사회적 논란이 커지며, 투우 경기도 크게 줄어들고 있다. 이러한 시류에 따라 현재 론다의 투우장도 문을 닫고 운영을 중단한 상태다.

절벽 위의 하얀 집들로 이어지는 구시가지와 상점, 레스토랑이 늘어선 신시가지를 잇는 론다의 명소 누에보 다리(Puente Nuevo)를 건넌다. 돌과 흙, 자갈만으로 쌓아 올린 이 다리는 무려 40년에 걸쳐 건설되었는데, 그 높이가 최장 98m에 달한다고 한다. 다리 내부에는 작은 방까지 마련되어 있는데 프랑코 내전 당시에는 감옥으로 사용되었으며, 지금은 누에보 다리 건설의 역사를 소개하는 전시관으로 활용되고 있다.

전망대에 서서 120m 깊이의 엘 타호(El lajo) 협곡 아래를 내려다본다. 현기증이 날 정도로 까마득하고 아찔하다. 협곡 아래로는 너른 들판이 한 폭의 풍경화처럼 시원하게 펼쳐져 장관을 이룬다. 절벽 위의 도시 론다에서 느끼는 세련미 넘치는 파스텔톤의 도시 풍경이

참 이국적이면서도 매혹적이다.

론다로 오는 내내 국도에서 만끽한 눈 호강과 누에보 다리 위에서 맛본 빼어난 절경을 뒤로한 채, 이제는 출출해진 배를 달래기 위해 식당을 찾아 나선다.

론다 신시가지에 자리 잡은 라스 마라비야스(Las Maravillas) 레스토랑 앞에 도착하니 아직 개점 10분 전이다. 문이 열리기를 기다렸다가 1호 손님으로 들어가 아늑한 테이블에 자리를 잡는다. 그런 다음 각자의 취향에 따라 론다의 대표 요리인 소꼬리찜(Rabo de Toro)을 비롯해 등심, 대구, 문어 요리를 주문한다.

우리는 주문한 음식이 나오기를 기다리는 동안 서로의 여행담을 주고받으며 웃음꽃을 피운다. 잠시 뒤 식탁에 나온 요리를 즐기며 화목하고 풍성한 점심 식사를 이어간다.

헤밍웨이가 사랑한 절벽 위의 도시, 론다

점심 식사 후, 누에보 다리를 위에서만 잠시 건넜다 돌아가는 것이 어쩐지 아쉬워 협곡 아래로 내려가 다리를 천천히 감상해 보기로 한다.

좁고 구불구불한 론다 시내의 도로를 내비게이션의 안내 음성에 의지한 채 따라가 보니, 마침내 누에보 다리가 위로 올려다보이는

협곡 아래에 닿는다. 다리 위에서는 느낄 수 없던 웅장한 자태가 협곡 아래에서 올려다보니 실감이 난다. 누에보 다리의 높고 거대한 외관에 한껏 주눅이 들 지경이다. 왜 론다가 '절벽 위의 도시'로 불리는지 이 순간 비로소 체감된다.

천 길 낭떠러지 사이에 철골이나 시멘트는 전혀 사용하지 않고, 오직 돌과 흙, 자갈만을 다지고 다져 그것도 아치 구조로 쌓아 올린 18세기 스페인 교량 건축술의 정수가 바로 눈앞에 펼쳐진다. 그저 말문이 막힐 뿐이다. 이런 까닭에 론다의 누에보 다리는 스페인의 인공 구조물을 논할 때 가장 먼저 거론되는 상징적인 건축물로 손꼽히고 있다.

론다를 상징하는 명소, 엘 타호 협곡과 누에보 다리는 마치 잘 조율된 관현악단처럼 절묘한 조화를 이루며, 깊고도 묘한 매력을 발산한다. 특히 누에보 다리 주변의 절벽을 떠받치고 있는 기암괴석들과 해 질 무렵 다리 위에서 바라보는 노을빛 풍경은 길 길 바쁜 여행자

의 발걸음을 붙들어 놓기에 부족함이 없다. 미국의 대문호 어니스트 헤밍웨이(Ernest Hemingway)가 그토록 론다를 사랑한 이유도 이제야 이해된다.

누에보 다리와 주변 풍광이 연출하는 장관을 감상하고 사진으로 담아 가기 위해 론다에는 연중 세계 각지의 관광객들과 사진 애호가들의 발길이 끊이지 않는다. 우리도 협곡 아래에서 누에보 다리를 배경으로 가족사진을 찍은 뒤, 다음 목적지인 말라가를 향해 렌터카에 오른다.

코스타 델 솔(Costa del Sol)의 첫 번째 관문, 말라가

론다에서 국도를 따라 약 40분쯤 달려 도착한 말라가는 스페인 남부 해안의 대표적인 휴양 도시다. 해변 가까운 주차장에 차를 세운 뒤, 우리는 곧장 넓은 모래사장이 펼쳐진 말라게타 해변(Playa de la Malagueta)으로 발걸음을 옮긴다.

따사로운 햇살 아래 지중해를 배경으로 태닝을 즐기거나 담소를 나누며 여유를 만끽하는 사람들의 모습이 해변 모래사장에 가득하다. 말라게타 해변 도로를 따라 길게 늘어선 카페, 레스토랑, 호텔, 고급 리조트 등도 탁 트인 지중해를 벗 삼아 손님들을 맞이하고 있다.

말라가는 '코스타 델 솔(Costa del Sol, 태양의 해안)'의 시작점이다. 코스타 델 솔은 1950년대 스페인 정부가 지중해의 따스한 햇빛과 해변을 관광 자원으로 개발하여 수익을 창출하겠다는 목표로 추진한 '솔 이 플라야(Sol y Playa, 태양과 해변) 정책'의 대표 슬로건이다.

말라가를 시작으로 스페인 남동부 해안을 따라 이어지는 코스타 델 솔은 연평균 기온이 19℃ 내외, 연간 300일 이상의 일조량을 자랑하는 천혜의 기후 조건 덕분에 북유럽을 비롯한 세계 각지의 관광객들을 끌어들이는 명소로 자리 잡았다. 연간 방문객 수가 1,800여만 명에 달한다고 하니, 그 인기를 실감할 만하다. 이처럼 말라가도 중앙 정부가 추진한 솔 이 플라야 정책에 힘입어 세계적인 휴양 도시로 나날이 발전하고 있다.

아내와 나는 해변 모래사장 위에 설치된 'Malagueta' 글자 조형물

앞에서 기념사진을 남긴다. 우리나라 부산 해운대 해변의 붉은색 철재 'HAEUNDAE' 글자 조형물과 서로 많이 닮았다는 생각이 든다.

해변을 뒤로하고 15분가량 시내를 걸어 말라가 최대 번화가인 메르세드 광장(Plaza de la Merced)에 도착한다. 시내 구경에 나선 두 아들과 헤어진 아내와 나는 광장 끝자락에 난 골목길을 따라 피카소 미술관으로 향한다.

말라가 피카소 미술관(Museo Picasso Málaga)

말라가는 20세기 현대 미술의 거장 파블로 피카소(Pablo Picasso)가 태어난 곳이다. 회화는 물론 조각, 드로잉, 도자기 등 현대 미술의 다양한 장르에서 창작 활동을 펼친 그는, 서양 미술사에 지대한 영향을 끼친 스페인의 대표적인 화가다.

그가 남긴 작품 수만 해도 무려 3만여 점에 달한다. 물론 그의 빼어난 작품들은 주로 프랑스에서 활동하며 창작한 것들이 대부분을 차지한다. 피카소는 조금 특이한 이력을 가진 화가로도 유명하다. 그

는 한때 프랑스 공산당에 가입하여 사회주의 이념을 지지하기도 했던 화가로, 회화 작품을 통해 사회적 의식을 드러내기도 하였다.

이를테면 스페인 내전 당시 나치 독일군의 게르니카 민간인 학살 사건을 다룬 「게르니카」와 한국 전쟁 당시 충청북도 영동군 노근리에서 발생한 민간인 학살 사건을 다룬 「한국에서의 학살」처럼 정치적·사회적 메시지를 강하게 담은 작품도 남겼다. 이 때문에 피카소는 우리 한국인에게도 비교적 친숙한 화가로 알려져 있다.

말라가 피카소 미술관(Museo Picasso Málaga)은 중세 유대인 지구의 좁은 골목에 자리한 16세기 부에나비스타 궁전(El Palacio de Buenavista)을 개조해 만든 미술관이다. 지하에는 미술관 개조 과정에서 발굴된 페니키아 및 로마 시대의 유물들이 보존 · 전시되어 있다.

미술관 내부는 1층과 2층으로 나누어 동선에 따라 자연스럽게 작

품을 감상하도록 전시 공간을 배치해 두었다. 전시 작품은 가족들이 기증한 피카소의 그림, 조각, 도자기, 드로잉, 판화, 말년에 그린 소품, 미공개 작품 등 233점이 전시되어 있다.

우리는 1층 첫 전시관에서부터 2층 마지막 전시관까지 한 작품도 놓치지 않고 찬찬히 둘러본다. 나는 피카소의 대표작 「아비뇽의 처녀들」과 「게르니카」 앞에 서서 한참 동안 감상에 잠긴다. 비록 진품이 아닐지라도 명작을 눈앞에 두고 보니 오묘한 느낌이 든다.

특히 「게르니카」는 대형 벽화 형식의 작품으로, 스페인 내전 당시의 참상을 강렬하게 고발하고 있다. 화폭 속에 담긴 분노와 비통함, 저항의 정서가 한껏 응축되어 있어 피카소의 예술혼과 정치적 저항

의식이 절절히 느껴진다.

평소 미술에 관심이 많고 틈틈이 그림을 그려온 아내의 눈빛도 진지하다. 그렇게 2시간가량 미술관을 감상한 후, 두 아들과 만나기로 미리 약속한 말라가 헌법 광장으로 발걸음을 옮긴다.

한 갑의 포텐시에이터 수액(Potentiater Sol)

아내와 내가 피카소 미술관을 관람하는 사이, 큰아들은 기력이 쇠하신 할머니를 위해 '포텐시에이터 수액(Potentiater Sol, 마시는 수액 제제)'을 사러 나섰다고 한다. 포텐시에이터 수액은 간 해독을 촉진하

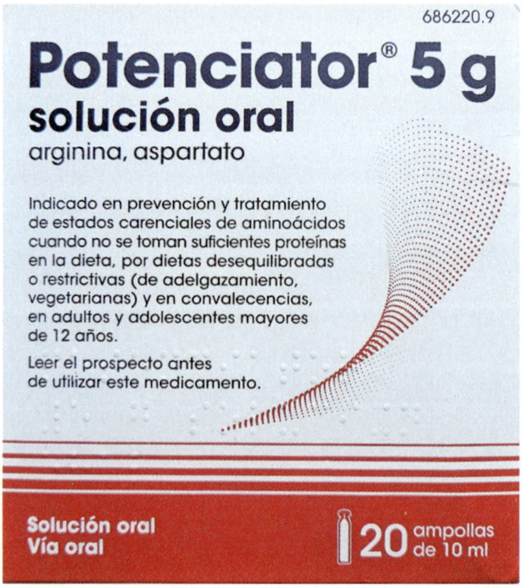

고 피로물질인 젖산의 생성을 억제하는 아르기닌 성분의 아미노산이 다량 함유된 고단위 활성비타민 제제다. 이 때문에 만성 피로에 시달리는 노약자들에게는 효과 만점의 피로 회복제로 통한다.

2시간 남짓 말라가 시내 여러 약국을 찾아다닌 끝에 겨우 한 갑을 어렵사리 구했다는 이야기에, 큰아들의 고운 마음씨가 느껴져 잠시 눈시울이 뜨거워진다. 할머니를 생각하는 큰아들의 그 따뜻한 진심이 텔레파시처럼 전해져 연로하신 어머님이 만수무강하기를 마음 깊이 기원해 본다.

헌법 광장에서 두 아들과 만나 광장 인근의 화장품 가게로 이동해 선물용 화장품을 산 후, 말라가 대성당 앞을 지나 해변 주차장을 향해 발걸음을 옮긴다. 말라가는 도심 곳곳이 중세적 분위기의 고풍스러움을 잘 간직하고 있으면서도, 거리 또한 현대적 감각으로 정갈하게 정돈되어 있어 걷는 내내 발걸음이 가볍고 마음마저 설렌다. 중

세와 현대가 어우러진 항구 도시 말라가는 특유의 색깔과 매력을 품고 있는 관광 명소라는 생각이 든다.

따사로운 햇살이 라리오스(Larios) 거리의 은은한 크림색 대리석 바닥에 반사되어 만들어 내는 광채는 눈부실 정도로 신비롭다. 이 순간 내가 걷고 있는 이 거리가 마치 천상의 거리처럼 느껴진다. 오늘 말라가에서 느낀 이국적인 세련미와 품격은 오랫동안 기억에 남을 것 같다.

말라가에는 시내 전경을 한눈에 내려다볼 수 있는 '히브랄파로 성(Castillo de Gibralfaro)', 이슬람 문화의 숨결이 느껴지는 '알카사바(Alcazaba de Málaga)', 이슬람 사원 위에 세워진 '말라가 대성당(Catedral de Málaga)', 그리고 활기 넘치는 거리 '마르케스 데 라리오스(Marqués de Larios)' 등 여행 명소가 많지만, 아쉽게도 빠듯한 일정 탓에 발길을 돌린다. 말라가에 머무는 시간이 한나절밖에 되지 않아 말라게타 해변과 피카소 미술관

만 둘러보고 세비야로 다시 돌아가야 해서 무척 서운하다.

저녁 7시 무렵, 말라가에서 출발한 렌터카는 컴컴한 국도를 타고 거침없이 내달린다. 산악 카르스트 지형 '엘 토르칼(El torcal)'로 유명한 안달루시아의 교통 요충지 안테케라(Antequera)를 지나, 2시간여 만에 세비야 히랄다 호텔 주차장에 멈춘다.

다시 한번 더 스페인 광장

세비야 일정의 사흘째 아침. 날씨가 비교적 온화한 스페인이라 해도 겨울의 아침 공기는 제법 쌀쌀하다. 아직 동이 트기 전, 아내와 나는 그제 저녁 무렵에 감상했던 스페인 광장의 황혼 풍경이 잊히지

않아 다시 그 자리를 찾는다. 일몰의 황금빛 장관만큼이나 일출의 광경 또한 장대할 것이라는 기대감으로 발걸음을 재촉한다.

숙소에서 광장까지는 20분 남짓 거리. 천천히 걷다 보니 광장 오른쪽 입구에 도착한다. 이른 아침이라 그런지 광장 안은 청소부 몇 사람 외엔 인적이 드물다. 마침 아침 해가 서서히 떠오르기 시작한다. 해가 뜨면서 비추는 태양의 각도에 따라 주황빛으로 물드는 스페인 광장의 모습은 중세 유럽의 정취를 고스란히 담아낸 그림 같은 풍경이다. 우리는 광장의 이곳저곳을 옮겨 다니며 일출 순간의 아름다움을 카메라에 담는다.

아침 햇살 속의 광장 산책을 마친 뒤, 숙소 인근의 편의점(MAS&GO)에 들러 갓 구운 빵과 즉석에서 직접 착즙한 오렌지 주스를 산다. 스페인의 마트나 편의점에는 어디를 가든 탐스럽게 잘 익은 오렌지들이 풍성하게 진열되어 있어 입맛을 유혹한다. 입안을 상큼 달콤하게

해주는 청량한 오렌지 주스! 생각만 해도 군침이 돈다.

오렌지는 브라질, 미국, 스페인, 이탈리아, 중국, 인도, 호주, 남아공 등 세계 여러 나라에서 생산되지만, 유럽 최대의 생산국은 단연 스페인이다. 그중에서도 발렌시아 지방에서 생산된 오렌지는 맛과 품질이 우수하기로 정평이 나 있다. 오렌지의 나라답게 주스 맛이 좋고 가격도 아주 저렴하다. 문득 이곳 편의점이, 몇 해 전 일본 후쿠오카 여행 중에 방문했던 신선 식품 위주의 편의점 같다는 생각에 무척 호감이 간다.

눈이 시원한 지상 최고의 평화경, 남부 안달루시아 국도

오늘 우리는 스페인 여행에서도 쉽사리 다녀오기 힘든 영국령 지브롤터를 여행하기 위해 들뜬 기분으로 렌터카에 오른다. 어디서나 스페인어로 현지인들과 막힘없이 소통하고 군 복무 시절 운전병으로

근무하여 운전이 능숙한 작은아들 덕분에, 세비야 일정 내내 안달루시아 지역 여기저기를 자유롭게 여행할 수 있어 더없이 행복하다.

오전 9시, 세비야의 호텔 지하 주차장에서 출발한 자동차는 헤레스 데 라 프론테라(Jerez de la Frontera)를 지나 영국령 지브롤터를 향해 내달린다. 차창 너머로 펼쳐지는 푸른 하늘과 도로 양옆으로 이어지는 녹색 들판은 그저 바라만 보아도 들뜬 마음을 차분하게 진정시켜 주는 묘약과 같다. 시야가 탁 트이고 마음까지 편안해진다.

드넓은 초지에 흩어져 한가롭게 풀을 뜯는 소 떼와 양 떼의 모습에서 지상 최고의 평화경을 느낀다. 학창 시절 교과서 속에 나오던 목가적 풍경의 진수를 본다. 오늘 스페인 남부 안달루시아의 국도를 달리며 마주한 아름다운 풍광과 온몸으로 전해오는 시원한 청량감은 잊지 못할 또 하나의 추억으로 간직될 것 같다.

이번 세비야 여정 내내 한결같이 드는 정감 하나를 고백하자면, 난생처음인 이곳 안달루시아 지방에서 내가 사는 남도에 온 것 같은 편안함과 정서적 동질감을 느낀다. 그리고 마음속에는 잔잔한 호수 위에 피어오르는 아침 물안개처럼 한없는 고요와 평화가 깃든다. 흡사 마법에라도 빠진 듯이 신비롭고 영혼까지 순결해지는 기분이다.

아마도 이런 정감은 이곳의 꾸밈없이 맑고 깨끗한 자연이 주는 선물 같은 위안에서 비롯된 것이리라.

우리나라와 비교하면 도로의 폭이 좁고 교통 체계도 다른데, 초행길임에도 불구하고 한 치의 실수 없이 목적지를 찾아가는 작은아들의 운전 솜씨가 신통방통하다. 지브롤터 근처 해안의 계류장에 빼곡히 정박해 있는 마리나 요트들을 바라보며 서양인의 삶 속 여유와 풍요를 느낀다.

드디어 섬처럼 우뚝 솟은 지브롤터가 눈앞에 모습을 드러낸다. 두 아들이 아니었던들 언감생심(焉敢生心) 내 생애 지브롤터를 밟아나 볼 수 있었으랴? 서로의 경험치를 바탕으로 빈틈없이 일정을 관리하며 찾아가는 여행지마다 자상하게 안내해 주는 아들들이 있어 든든하다. 새삼 두 아들에게 고마움을 느낀다. 덕분에 나는 여행지 어디를 가나 어린아이처럼 모든 게 신기하고 그저 즐겁기만 하다.

레콩키스타(Reconquèsta, 재정복, 국토회복운동)

지브롤터를 향해 남부 안달루시아 국도를 달리던 중, 불현듯 중세 이베리아반도 이슬람 최후의 나스르 왕조와 그라나다의 알람브라 궁전이 섬광처럼 뇌리를 스쳐 간다. 어제저녁 말라가에서 세비야로 돌아오는 길에 안테케라를 지날 때처럼 말이다.

안달루시아의 작은 도시 안테케라(Antequera)는 동쪽으로는 그라나다, 서쪽으로는 세비야, 남쪽으로는 말라가, 북쪽으로는 코르도바와 도로망이 연결된 교통의 요지다. 지금 하는 말이지만 나는 어제 그곳을 지나면서 이슬람 세력의 최후 거점, 그라나다를 향해 달려가고 싶은 충동이 마음속에 거세게 일어나 한동안 진정하느라 애를 먹었다.

지리적으로 스페인 남부 안달루시아는 북서 아프리카와 인접해 있어 무어인들의 왕래가 잦을 수밖에 없었다. 이러한 지리적 환경 속에서 중세 이베리아반도의 이슬람 왕조들은 이 지역을 거점으로 무역을 통해 세력을 확장하고 한동안 번영을 누렸다. 하지만, 외부의 압력과 내부의 분열이 지속되면서 점차 쇠퇴의 길로 접어들게 되었고 마침내 그라나다에서 몰락의 종지부를 찍는다.

15세기, 이베리아반도가 가톨릭 왕국으로 통일되고 이후 수 세기가 흘렀지만, 지금도 안달루시아 지역을 비롯해 스페인 곳곳에는 과거 이슬람 왕조의 화려했던 문화유산이 적잖이 남아 역사의 교훈을 전하고 있다. 중세 이베리아반도에서 약 800년 가까이 이어진 이슬람 세력과 가톨릭 왕조 간의 각축전, 그 긴 구원의 역사를 이른바 '레콩키스타(Reconquèsta)'라 칭한다.

레콩키스타는 19세기 스페인의 전통 역사학자들이 처음 사용한 용어로, 이슬람 세력에 정복당한 옛 서고트 왕국의 영토를 되찾고자 중세 이베리아반도의 가톨릭 왕국들이 이슬람 세력을 축출하며 영토를 회복해 간 일련의 과정을 말한다.

서고트 왕국이 멸망하고 등장한 가톨릭 왕국들은 팽창하는 이슬

레콩키스타가 마무리되는 상징적인 사건을 묘사한 그림
(이베리아를 떠나는 무함마드 12세와 무어인들, 이를 지켜보는 이사벨 1세 여왕과 페르난도 2세) 출처: 위키백과

람 세력에 밀려서 한동안 이베리아반도 북쪽의 좁은 땅으로 내몰리게 된다. 이후 이슬람 세력의 융성기에도 좁은 영토에서 끈질기게 버텨오다가, 이슬람 내부의 내전과 권력 다툼으로 점차 쇠퇴기를 맞은 이슬람 왕조를 반격하여 마침내 이베리아반도에서 무슬림을 축출한다.

즉, 718년 고트족 군대의 코바동가 전투 승리를 시작으로 1492년 카스티야의 이사벨 1세와 아라곤의 페르난도 2세의 에스파냐 연합 왕국이, 남부 안달루시아의 그라나다 술탄국, 이슬람 최후의 나스르 왕조를 정복하면서, 약 800년에 달하는 국토회복운동은 대단원의

중세 이베리아반도의 이슬람 왕조와 가톨릭 왕국 간의 국경 변화를 나타낸 레콩키스타 지도(AD 718~1492)
출처: 위키백과

막을 내리게 된다.

이처럼 스페인 가톨릭 왕조에 의해 수 세기 동안 이어진 국토회복의 대장정이 바로 레콩키스타(Reconquèsta)이다.

지브롤터 유로파 포인트 등대(Europa Point Lighthouse)

지브롤터로 향하는 도로변 풍경에 푹 빠져 있는 사이, 우리를 태운 렌터카는 어느새 스페인 속의 작은 영국, 지브롤터(Gibraltar) 초입의 출입국 사무소 톨게이트 앞에 멈춘다. 영국은 쉥겐협약 가입국이 아닌지라, 차 안에 앉아 한 사람씩 스페인과 영국의 출입국 사무 담당자에게 꼼꼼히 여권 심사를 받은 후, 비좁은 해안 도로를 따라 유로파 포인트 등대로 향한다.

지중해와 대서양의 연결 통로, 지브롤터 해협을 항해하는 선박들의 이정표 역할을 하는 유로파 포인트 등대(Europa Point Lighthouse) 앞에 서니 형언하기 어려운 감동이 밀려온다.

해안 등대 옆으로는 지중해를 향해 대영제국 국기가 힘차게 펄럭이고, 거대한 포신이 묵직한 존재감으로 이곳이 영국령임을 여행자의 가슴에 각인시킨다. 내 생애에 다시 오기 힘들지도 모른다는 생각에 등대 주변을 둘러보며 카메라의 셔터를 연신 눌러댄다.

등대 앞 바다에는 검푸른 물결 위에 크고 작은 선박들이 띄엄띄엄 닻을 내리고 정박해 있다. 이따금 멀리서 대형 상선이 흰 포말을 내며 지중해를 가로지르는 풍경은 푸른 바다를 캔버스 삼아 그려 놓은 그림처럼 생동감이 넘친다.

지브롤터는 곶 형태의 돌출 해안이라 겨울 해풍이 몹시 거세다. 지중해의 매운 칼바람이 시샘이라도 하듯 나그네의 얼굴을 차갑게 때린다. 기센 파도가 맹렬히 밀려와 해안에 부닺히며 하얀 물거품을

토해내는 검푸른 지중해가 한층 을씨년스럽다. 지난날 콜럼버스와 산타마리아호의 선원들이 대서양을 건너 신대륙으로 향하던 때, 이 해협을 지나며 맞섰을 거친 풍랑을 상상하니 그들의 도전 정신 앞에 절로 경외감이 든다.

유로파 포인트에서의 벅찬 감동을 뒤로하고, 우리는 점심을 먹기 위해 지브롤터 북쪽의 그랜드 케이스메이트 광장(Grand Casemates Square)으로 이동한다.

렌터카는 해안 등대 앞에서 5분가량을 달려 광장주차장에 멈춰 선다. 주차장을 나와 광장 앞에 자리 잡은 로이스 피시 앤 칩스(Roy's FISH&CHIPS) 레스토랑에서 대구 튀김과 감자튀김이 어우러진 영국 음식 '피시 앤 칩스(Fish and Chips)'를 주문한다.

얼마 지나지 않아, 큰 접시에 담겨 나온 두 가지 튀김을 케첩에 찍어 먹어본다. 튀김옷의 느끼함을 대구의 담백한 속살이 상쇄시켜 주

어 맛이 그런대로 괜찮다. 음료로는 느끼함을 잡아주는 콜라가 제격이다. 피시 앤 칩스는 로스트비프(Roast beef), 요크셔푸딩(Yorkshire pudding) 등과 함께 영국의 대표적인 국민 음식 중 하나다.

지브롤터 전망대(Gibraltar Observatory)

한 끼 식사로는 어쩐지 허전한 패스트푸드 같은 음식으로 점심을 해결한 뒤, 광장 옆 커피숍에서 커피 한 잔씩을 사 들고 나온다. 그리고는 지브롤터 전망대(Gibraltar Observatory)에 오르기 위하여 그랜드 케이스메이트 광장을 출발해 지브롤터의 중심가를 가로지르며 걷는다. 거리 양편에는 여러 가지 상품들을 진열해 놓고 손님을 기다리는 상점들이 끝없이 이어진다.

지브롤터는 전역이 면세구역이라, 대체로 물가가 높은 유럽치고

는 가격이 꽤 합리적인 편이다. 알뜰한 소비를 추구하는 쇼핑객에게는 다시 없는 천국 같은 곳이다. 이곳에서는 유로화, 파운드화는 물론, 지브롤터에서만 통용되는 독자적인 화폐, 지브롤터 파운드화까지 함께 통용된다.

메인 스트리트를 지나 요새의 남쪽 성문을 통과하면 해발 426m 높이의 타리크 산(Djebel al Tarik), 일명 '어퍼 록(The Upper Rock Nature Reserve)'을 오르내리는 지브롤터 케이블카 탑승장이 나온다. 타리크 산은 이슬람의 장군, 타리크 이븐 지야드가 처음 이곳에 도착했다고 하여 그의 이름을 따 붙여진 산 이름이다.

우리는 케이블카를 타고 곧장 전망대로 오르는 코스를 선택하여, 산 중턱에 위치하는 '퀸즈 발코니(Queen's Balcony)'에는 들르지 못하는 것이 조금 아쉽다. 그곳에는 1954년 5월 10일, 영국의 엘리자베스 2세 여왕과 에든버러 공작이 함께 지브롤터의 풍경을 감상했다는 일화를 전하는 표지석이 남아 있다.

정상 전망대로 향하는 케이블카는 경사각이 상당히 가파르다. 발아래를 내려다보는 것조차 오금이 저릴 정도다. 케이블카를 타고 약

6분쯤 올라가니 정상의 승강장에 도착한다.

케이블카에서 내려 전망대로 향하는 길가에는 북아프리카 서식종인 바바리원숭이들이 이곳의 터줏대감처럼 어슬렁거리며, 여행객들의 소지품을 호시탐탐 노리는 악동 노릇도 겸하고 있다. 나뭇가지를 타고 이리저리 뛰어다니며 서로 쫓고 쫓기는 새끼 원숭이들의 재롱이 귀엽고 앙증맞다.

타리크 산 정상에 올라서니 자연과 인간이 빚어낸 절묘한 조화, 그 웅대한 앙상블이 시야 가득 펼쳐진다. 저마다 다른 빛깔로 치장하고 푸른 바다 위에 점점이 떠 있는 크고 작은 선박들, 마치 흰 제복을 입고 열병식이라도 준비하듯 계류장에 줄지어 정박해 있는 마리나 요트들, 그리고 순백의 단복에 주황색 모자를 쓴 합창단처럼 단아한 자태로 지중해를 향해 자리 잡은 해안 건축물들까지, 이것들이 한데 어우러져 빚어내는 풍광은 최첨단 AI 영상으로도 완벽히 재현해 낼 수 없는 꿈결같이 황홀한 현실의 풍경이다.

전망대에 설치된 망원경으로 지중해를 바라보니, 저 멀리 아득한 수평선 위로 희미하게 해안선이 모습을 드러낸다. 아마도 지브롤터에서 가장 가까운 아프리카 대륙, 모로코의 해안일 것이다.

우리는 전망대 이곳저곳을 오가며 발아래 펼쳐진 남빛 지중해와 지브롤터의 아름다운 풍경을 마음껏 눈에 담은 뒤, 다시 케이블카에 몸을 싣고 산을 내려온다.

굿바이(Goodbye), 지브롤터

이베리아반도 남단, 곶 형태로 뾰족하게 돌출된 지형의 지브롤터는 지중해와 대서양을 잇는 길목에 위치하는 군사·경제적 요충지이다. 본래 이곳은 스페인의 영토였다. 그러나 1704년 에스파냐 왕위 계승 전쟁에 참전한 영국군이 이곳을 점령한 뒤 군사상 전진 기지로 활용하며 주둔해 오다가 영국령으로 귀속시켜 오늘에 이른다.

지브롤터가 오늘날까지 영국령으로 존재하게 된 역사적 배경은 1713년, 에스파냐 왕위 계승 전쟁의 종전과 함께 체결된 '위트레흐

트 조약(Treaty of Utrecht, 네덜란드 위트레흐트에서 맺은 에스파냐 왕위 계승 전쟁 참전 국가 간의 다중 조약)'에 있다. 이 조약 제10조에는 "영국이 지브롤터에 대한 완전한 주권 및 소유권을 갖는다."라는 조항이 명시되어 있다.

이후 스페인은 줄곧 영국에 지브롤터 반환을 요구하며 수차례에 걸친 전쟁과 외교적 협상을 시도했지만, 결국 뜻을 이루지 못한 채 오늘에 이르고 있다. 반면 영국은 지브롤터를 국제법상 자국의 정당한 영토로 간주하며, 1969년 새 헌법을 제정해 지브롤터에 자치권을 부여하였다. 아울러 주민의 동의 없이는 절대로 지위 변경이 불가하다는 입장을 천명했다.

이렇듯 지정학적으로 중요한 지브롤터를 두고 이어지는 영국과 스페인 간의 오랜 영유권 분쟁을 바라보며, 대한민국 독도의 현실이 겹쳐져 마음 한구석이 씁쓸해진다.

한편 내가 오늘 지브롤터에서 경험한 특이한 점 하나는, 스페인의 관광지 어디를 가더라도 한국인 여행객을 어렵지 않게 목격할 수 있었는데, 유독 이곳에서만은 단 한 사람도 찾아볼 수 없었다는 점이다.

그만큼 지브롤터가 패키지여행으로는 접근하기 쉽지 않다는 말이 결코 허언이 아님을 체감한다. 렌터카를 이용해 우리 가족만의 일정대로 지브롤터에서 뜻깊고 오붓한 가족여행을 즐길 수 있어 참 행복하다.

케이블카 매표소 직원에게 지브롤터에서 모로코까지 오가는 정기 여객선이 있는지 물으니 아직은 없단다. 다만 지브롤터 건너편에 보이는 스페인의 최남단 항구, 알헤시라스(Algeciras)에서는 지브롤터 해협을 건너 모로코의 탕헤르(Tánger)까지 운항하는 페리 여객선이 있다고 하니, 지브롤터를 관람하고 곧장 모로코로 건너가려는 여행자에게는 참고할 만한 정보다.

오늘 하루, 지브롤터의 유로파 포인트 등대와 타리크 산 정상 전망대에서 또 하나의 선물 같은 추억을 가슴에 새기고 세비야로 돌아갈 수 있어 마음이 흡족하다.

"Goodbye(안녕), 지브롤터여!"

세비야 도심의 야경 명소,
메트로폴 파라솔

세비야 히랄다 호텔 지하 주차장에 도착해 보니, 오후 7시를 막 넘긴 시간이다. 각자 소지품을 객실에 두고 가벼운 차림으로 호텔 로비에서 만나 세비야 거리 투어에 나선다.

숙소에서 나와 도로 위에 깐 레일 위를 주행하는 트램을 타고 이동

하다가, 산타크루스 거리 앞에서 내린다. 버섯 모양의 조형물로 유명한 세비야 도심의 야경 명소, 메트로폴 파라솔을 구경하기 위해 거리를 좀 더 거슬러 올라간다.

엔카르나시온 광장에 자리한 메트로폴 파라솔(Metropol Parasol)은 독일인 건축가 위르겐 마이어 헤르만(Jurgen Mayer Hermann)의 설계로 지어진 매우 독특한 건축물이다. '세비야의 버섯들(Las Setas de Sevilla)'이라는 애칭으로 불리며, 현지인들에게는 라스 세타스 전망대로 더 익숙한 곳이다. 메트로폴 파라솔은 약 3만 5천 개의 나무 조각을 조립해 6개의 거대한 버섯 형상으로 완성한 목조 건축물이다. 이곳 지하에는 고고학 박물관도 조성해 두어 관람객들에게 다양한 볼거리를 제공하고 있다.

밤이 되면 이곳은 야경을 즐기려는 사람들로 북적이는데, 세비야 시민들에게는 만남의 장소 같은 곳이기도 하다. 해가 지고 어둠이

깔리면 수천 개의 조명등에서 뿜어져 나오는 오색찬란한 불빛이 몽환적인 분위기의 야경을 연출한다.

고개를 들어 바라본 메트로폴 파라솔은 마치 거대한 버터 와플이 달콤한 향내를 풍기며 관람객을 유혹이라도 하듯 우뚝 버티고 서 있다. 우리는 그 매혹적인 야경을 실컷 즐기고, 엔카르나시온 광장 모퉁이로 난 골목을 따라 세비야의 밤거리 구경을 이어간다.

작은아들의 기특한 마음씨에 눈물이 핑

메트로폴 파라솔의 야경과 밤거리 구경을 마친 후, 저녁을 먹기 위해 세비야에서 맛집으로 평점이 높은 뻬로 비에호(Perro Viejo) 레스토랑을 찾아간다. 구글맵을 따라 저녁 9시 무렵 도착한 레스토랑 내

부는 이미 만석이다. 어쩔 수 없이 레스토랑 밖 노천 식탁에 앉아 저녁을 주문한다.

우리가 주문한 음식 메뉴는 멕시칸 토스타다, 코리안 바비큐, 오리고기 볶음밥 등이다. 세 가지 음식 모두 맛은 좋지만, 느끼함이 옥에 티다. 순간, 칼칼하고 게미('그 음식 속에 배어 있는 독특하고 깊은 맛'을 뜻하는 전남 방언) 깊은 묵은지가 사무치게 그리워진다.

늦은 저녁을 먹으며 오늘의 여정을 이야깃거리 삼아 도란도란 담소를 나눈 뒤, 소화도 시킬 겸 해서 천천히 밤거리를 산책하며 숙소로 돌아간다. 한참 시내 거리를 걷던 중, 작은아들이 길 건너편 2층짜리 허름한 건물을 가리키며, 자신이 2019년 스페인 여행 당시 머물렀던 세비야의 숙소라고 한다. 군 입대 전 대학생 신분으로 홀로 찾은 스페인 여행에서 여행비를 아끼려고 최대한 저렴한 숙소를 찾아 예약했었다고 한다.

나는 작은아들의 기특한 마음씨가 느껴져 숙소로 돌아오는 도중 눈물이 핑 돌았다. 이미 지난 일이지만 그때 충분히 여행비를 지원해 주지 못했던 것이 후회스럽고 미안할 뿐이다. 이런저런 생각에 잠겨 밤길을 걷다 보니 어느새 숙소 앞에 도착해 있다.

PENSION-ROOMS-CHAMBRES
BAR-RESTAURAN

다시 찾아오고 싶은 쉼표의 도시, 세비야

머물수록 묘한 정감이 나를 사로잡는 도시, 세비야. 벌써 세비야에서 맞는 나흘째 아침이다. 오늘 오전에는 아직 가보지 못한 시내 명소를 차분히 둘러보고, 오후에는 세비야 대성당을 관람하고 돌아와

휴식을 취했다가 내일 마드리드로의 이동을 준비해야 한다.

며칠간 머물며 느낀 세비야는 도시 전체가 그 자체로 다채로움의 연속이었다. 물리적으로는 과거와 현재가, 심리적으로는 서양과 동양이 공존하는 듯한 다채로움이다. 또한, 쓰레기 하나 눈에 띄지 않는 깨끗한 거리 환경과 몸에 배어 있는 시민들의 질서 의식에서 이 도시의 품격과 여유가 전해진다. 무릇 세비야는 세계가 배우고 닮아 가야 할 문화 관광 도시의 모델이자 표본이라는 생각이 든다.

더불어 이번 여행 중에 경험한 신선한 충격 하나는, 스페인의 선진 교통문화와 운전자들의 운전 태도였다. 이곳의 자동차들은 횡단보도 앞에서 보행자가 없어도 무조건 일시 정지하는 보행자 중심의 교통 문화를 엄격히 준수한다. 체증이 심한 도로 상황에서도 누구 하나 먼저 가려고 추월하거나 앞지르기를 하지 않는다. 차례대로 느긋하게 운행하는 것을 이 나라의 운전자들은 관습처럼 실천한다. 렌터카를 타고 여행하며 보게 된 스페인의 교통문화에서 배울 점이 많다. 우리의 거칠고 조급한 운전 행태와 대비되어 느끼고 성찰한 바가 크다.

맑은 하늘 아래 천천히 도심을 가로지르는 트램, 밤낮을 가리지 않

고 거리를 오가는 여행객들, 도로변 가로수마다 주렁주렁 매달린 주황빛 오렌지 열매, 그리고 저녁이면 거리를 가볍게 달리며 하루를 마무리하는 시민들. 이 모든 풍경을 바라보는 것만으로도 힐링이 되는 쉼표 같은 도시 세비야.

나는 이 도시가 주는 왠지 모를 편안함으로 인해 어릴 적 동무들과 뛰놀던 고향 뒷동산에 오른 것 같은 훈훈한 정을 느낀다. 더불어 머나먼 이국땅에서 마법에라도 홀린 것처럼 나그네의 마음속에는 서서히 평온한 안식이 찾아든다. 생각할수록 묘한 매력이 넘치는 땅이다.

불현듯 뇌리에 이번 여행을 마치고 써 내려갈 여행 견문기의 제목이 스쳐 간다.

"마법의 땅, 스페인"

훗날 다시 스페인을 방문하게 된다면 꼭 세비야에 또 찾아오겠다고 마음속으로 다짐해 본다.

자유여행의 발이 되어준 렌터카 반납

아침 산책을 마치고 돌아오는 길에 숙소 근처 편의점(MAS&GO)에서 사 온 빵과 오렌지 주스로 아침을 간단히 해결한다. 오전 9시쯤, 렌터카를 타고 호텔 인근의 카르푸 매장으로 향한다. 여행 중에 사용할 생필품 몇 가지와 일반 상점에서는 구하기 힘든 스페인산 붉은색 베르무트 레제르바(Vermouth Reserva)를 사서 숙소로 돌아온다. 오

늘은 우리 가족이 세비야에 머무는 동안 자유여행을 만끽할 수 있도록 발이 되어준 렌터카를 반납해야 하는 날이다.

나와 작은아들은 렌터카를 반납하러 세비야 공항으로 향하던 중, 주유를 위해 공항 근처의 작은 마을에 들른다. 한적한 시골 마을이지만 도로가 비좁고 대부분 일방통행이라 승용차 한 대가 겨우 지나갈 정도다. 동네 골목도 미로 같다. 마침 동네 어귀에 약국 간판이 보여 마시는 수액 제제 포텐시에이터 수액을 사려고 들어가 보았지만 역시 품절이라 발길을 돌려야 했다.

마을 주택가에서 빠져나와 외곽에 자리 잡은 주유소를 찾아간다. 주유소 직원은 우리를 보자마자 대뜸 일본인이냐고 묻는다. 한국인이라고 하자, 이 근방에 유명한 일본인 도예가가 살고 있는데, 우리가 그와 닮은 외모라 그렇게 물었다고 한다. 작은아들이 주유소 직원과 대화를 나누며 주유하고 있는 사이, 나는 얼른 화장실에 다녀온다. 기름값이 시내 주유소보다 훨씬 저렴한 걸 보니 아무래도 시골 동네 주유소라서 그런가 보다.

자동차에 기름을 가득 채운 뒤 공항 외곽도로를 타고 달려 세비야 공항 렌터카 주차장에 도착한다. 내가 주차장 벤치에 앉아 쉬는 동안, 작은아들은 공항 렌터카 대여점(Avis Budget)에 들어가 담당 직원의 차량 상태 확인을 거친 후, 반납 서류에 서명하고 나온다. 그런 다음 우리는 두 칸짜리 공항 셔틀버스를 타고 세비야 시내 중심가를 거쳐 숙소로 돌아온다.

스페인만의 독특한 이미지와 색채를 지닌 세비야 시내 투어

점심을 먹기에는 아직 이른 시간이라서 세비야 시내 구경에 나선다. 세비야는 17세기 스페인 바로크 미술의 전성기를 연 디에고 벨라스케스(Diego Rodríguez)가 출생한 곳이다. 그는 펠리페 4세의 궁정 화가로 활동하며 세계 미술사에 길이 남을 누드화「로케비 비너스」

펠리페 4세 일가(시녀들-라스 메니나스)
디에고 벨라스케스, 프라도 미술관
출처: 네이버 지식백과

와 걸작 「펠리페 4세 일가(시녀들)」를 남겼다. 그리고 고야, 마네, 피카소 등 후대 화가들에게도 커다란 영향을 끼친 회화의 거장이다.

벨라스케스의 고향 세비야는 스페인에서도 가장 스페인다운 면모를 갖춘 도시라는 생각이 든다. 오랜 이슬람 지배 아래 형성된 이슬람 문화와 이후 가톨릭 지배 속에서 축적된 가톨릭 문화가 긴 세월에 걸쳐 융화되어 세비야만의 독특한 역사·문화적 색채를 지닌 도시로 성장하며 발전해 왔다.

스페인 특유의 이미지와 색채를 오롯이 품은 도시, 과거와 현재가 공존하는 도시, 세비야. 도심 거리 양편으로 줄지어 선 다채로운 양식의 호화 건축물 사이를 걷고 있는 지금, 내가 꼭 타임머신을 타고 중세 시대로 돌아와 있는 듯한 느낌이다. 거미줄처럼 얽힌 골목들이 넓은 도로와 유기적으로 연결되어 있는 사통팔달의 시내 거리 또한 인상적이다.

유럽의 도시 거리에서 볼 수 있는 흔한 풍경이지만, 가게 밖으로 차양을 세우고 여러 개의 식탁을 배치한 레스토랑들이 길게 이어진다. 노천 식탁에 앉아 잔술을 마시며 담소를 나누는 사람들의 모습

이 한껏 여유롭고 평온해 보인다.

가로수엔 탐스럽게 익은 오렌지들이 주렁주렁 매달려 있고, 이따금 바람결에 주황빛 열매가 길바닥에 떨어져 굴러간다. 보기 드문 광경을 지켜보며, 지구 반대편에서도 어김없이 생명 순환의 이치가 작동하고 있음을 느낀다. 지금 떨어지는 열매는 어쩌면 새봄에 피어날 오렌지꽃을 위해 미리 가지를 내어주는 것일지도 모르겠다.

눈길 닿는 곳마다 매혹적인 풍경을 선사하는 세비야의 거리에 빠져 넋을 놓고 걷다 보니 어느덧 배꼽시계가 점심때를 알린다. 오랜만에 한식을 먹기 위해 구글맵을 따라 한식당 KOKODaK(꼬꼬닭)을 찾아간다. 다행히 가게 안에는 빈 테이블이 남아 있다. 우리는 육개장, 제육 덮밥, 순두부찌개 등 각자의 점심 메뉴를 골라 주문해 먹는다.

한국에서 먹던 맛에는 비할 바가 못 되지만, 오랜만에 먹는 한식이라 그런지 내 입맛에는 칼칼하고 개운함이 느껴져 아주 만족스럽다. 점심을 맛있게 먹고 두 아들의 안내를 받아 1987년 유네스코 세계문화유산으로 지정된 세비야 대성당 앞에 도착한다.

웅장함과 화려함의 진수, 세비야 대성당(Catedral de Sevilla)

세비야 대성당(Catedral de Sevilla) 관람은 세비야에서의 마지막 여정이기도 해서, 시간에 쫓기지 않고 차분히 감상하고 싶어 오후 일정으로 잡았다. 대성당 입구와 매표소 앞에는 이미 관람객들의 행렬로 장사진이다. 매표소에서 입장권을 구매한 후, 대성당으로 들어가

기 위해 긴 줄에 선다. 한참 동안 기다린 끝에 드디어 대성당 내부로 들어선다.

대성당 밖의 밝은 빛에 익숙해 있던 눈이 순간 어두컴컴한 느낌이었다가 차츰 적응시(適應視)로 돌아온다. 성당 내부로 들어오는 빛을 따라 고개를 들어보니, 정면에 우뚝 선 대형 스테인드글라스가 시선을 사로잡는다. 성경 속 인물들과 이야기가 정교하게 새겨진 유리 조각들은 빛의 각도에 따라 신비로운 색채를 띠며 신성한 분위기를 자아낸다. 세비야 대성당 안에서 느끼는 첫인상은 한마디로 웅장함과 화려함의 극치다.

유럽을 여행하다 보면 고딕·르네상스·바로크 양식이 어우러진 중세의 화려한 성당들을 자주 만나게 된다. 이는 중세 유럽이 가톨릭 문화의 융성 아래 문화적·경제적 번영을 동시에 누렸기 때문이다. 이렇듯 중세의 다채로운 건축 양식이 어우러진 세비야 대성당은 그 규모가 로마 바티칸의 '성 베드로 대성전(Basilica Sancti Petri)', 런던의 '세인트폴 대성당(St. Paul's Cathedral)'에 이어 세계에서 세 번째로 큰 성당으로 손꼽힌다.

건축 기간만 100년이 넘게 걸렸다는 세비야 대성당은 하늘을 찌

를 듯이 뾰족하게 솟은 첨탑들만으로도 압도적인 존재감을 드러내는 건축물이다. 특히 이슬람 지배기 때 축조된 모스크를 토대로, 그 위에 중세와 르네상스를 아우르는 오랜 시간의 축적을 통해 세워졌기에, 고딕·신고딕·르네상스·이슬람 양식이 한데 어우러진 보기 드문 건축 유산이다.

성당 내부 여기저기에는 성경 속 장면을 섬세하게 재현한 조각상과 성물들, 그리고 화려한 가톨릭의 구조물들이 배치되어 있어, 눈길이 머무는 곳마다 감탄이 절로 나온다. 나는 가톨릭 신자가 아니지만 이렇게 장엄한 성당 안에서 미사를 올린다면 저절로 신앙심이 피어날 것 같은 경건한 분위기를 느낀다. 대성당 1층을 둘러보는 데만 2시간이 훌쩍 지나가 버린다.

두 눈이 휘둥그레질 정도로 정교하게 세공된 성물들과 무려 1.5톤의 황금으로 장식한 제대(祭臺)만 보더라도 당시 세비야 대성당 건축에는 천문학적인 비용이 소요되었을 것으로 짐작된다.

어깨너머로 들려오는 가이드의 설명에 따르면, 이 대성당이 완공될 수 있었던 배경에는 신대륙에서 가져온 막대한 재화와 그 과정에

서 죄없이 목숨을 잃은 원주민들의 희생 때문에 가능했을 것이라고 한다. 가톨릭의 신성한 제단 앞에서 마주한 이 아이러니에 마음 한 구석이 씁쓸해진다.

공중에 떠 있는 콜럼버스의 관

대성당 내부를 거닐다 보면 대항해 시대 무적함대로 불리며 유럽의 패권을 장악했던 16~17세기 스페인의 위세가 고스란히 느껴진다. 실로 엄청난 규모와 품격 높은 화려함을 자랑하는 세비야 대성

당은 당시 유럽 최강국으로 융성했던 스페인의 위상을 만천하에 알리는 상징물로 그 존재감을 톡톡히 과시했을 것이다.

대성당 내부 오른쪽 중간 지점쯤에 이르자, 왕관을 쓴 네 사람이 관을 어깨에 메고 있는 조형물이 눈에 들어온다. 바로 그 유명한 '공중에 떠 있는 콜럼버스의 관'이다.

사실 세비야 대성당은 이탈리아 출신의 탐험가 크리스토퍼 콜럼버스(Christopher Columbus)를 빼놓고는 이야기할 수 없다. 그는 이 대성당 건축에 필요한 천문학적인 재화를 조달한 장본인이기 때문이다. 콜럼버스는 이사벨 1세 여왕의 후원으로 서인도 항로를 개척하고 아메리카 신대륙을 발견하여 스페인의 식민지 경영에 혁혁한 공을 세운 인물이다. 하지만 아이러니하게도 훗날 콜럼버스는 스페인 왕실의 냉대를 받는다. 그에 대한 서운함과 배신감이 깊었는지,

크리스토퍼 콜럼버스
(Christopher Columbus, 1451~1506):
이탈리아의 탐험가

출처: 네이버 지식백과

1506년 콜럼버스가 죽기 전에 남긴 유언은 이랬다고 한다.

"내 시신은 신대륙에 묻어라. 내가 다시는 스페인 땅을 밟지 않게 해라."

이에 따라 세비야 대성당 안의 콜럼버스 관은 땅에 닿지 않게 높이 들어 올려져 있으며, 어깨에 관을 메고 있는 네 사람은 카스티야·레온·아라곤·나바라 등 당시 스페인의 4개 왕국을 상징하는 인물들로 표현되어 있다.

풍문이겠지만, 콜럼버스의 관을 메고 있는 네 사람의 모습에 대한 그럴듯한 해석이 흥미롭다. 네 사람 중 앞쪽 두 인물은 고개를 들고 있고, 뒤쪽 두 인물은 고개를 숙이고 있는데, 이는 콜럼버스의 항해에 대한 찬성과 반대를 각각 상징한다는 것이다. 실제 콜럼버스의 유해는 이 관이 아닌, 세비야 대성당 남쪽 익랑 아래 지하에 안치되어 있다.

히랄다 탑(Torre Giralda)에서 바라본 세비야의 오후 풍경

2시간 남짓 대성당 내부를 자세히 관람한 뒤, 히랄다 탑에 오르기 위해 발걸음을 서두른다. 세비야 대성당 내부에서 연결된 통로를 따라 올라가려면 총 34개의 사각 경사로를 지나야 한다.

히랄나 탑(Torre Giralda)은 이슬림 사원의 양식을 계승해 단순하면서도 기품 있는 기하학적 문양의 벽돌로 쌓아 올린 건축물이다. 탑 꼭대기 층 종루에는 크고 작은 24개의 종이 매달려 있다. 첨탑 끝에

는 '엘 히랄디요(El Giraldillo)'라는 청동 풍향계 동상이 서 있는데, 양손에 든 십자가와 종려나무는 가톨릭의 승리를 상징한다.

이슬람 사원 같은 외형에 가톨릭 성당 내부의 구조가 절묘하게 어우러져, 보는 이로 하여금 감탄을 자아내게 한다. 세비야의 건축물들 가운데 중세 유럽의 정수를 가장 온전히 간직하고 있는 것은, 뭐니 뭐니 해도 이 히랄다 탑이 최고다.

탑 위 종루의 난간에 서니, 세비야 시내가 한눈에 들어온다. 한국과 달리 세비야는 7~8층 건물이 고층에 해당하는 터라, 종루 밖으로 탁 트인 시야가 주는 청량감이 일품이다. 작열하는 태양 아래 부드럽고 온화한 파스텔톤으로 단정하게 서 있는 주택들의 풍경이 서유럽 특유의 담백한 멋과 여유를 전해준다. 히랄다 탑 종루에서 바라본 세비야의 환상적인 오후 풍경이 아름답기 그지없다.

대성당과 히랄다 탑 관람을 마치고 광장 밖으로 나서니, 곱게 장식한 마차들이 마부와 함께 줄지어 대기하고 있다. 대성당 앞 광장에서 출발해 인디아스 고문서관, 알카사르, 세비야대학교, 스페인 광장까지 오가는 관광 마차들이다. 가격과 팁은 탑승하기 전 마부와 흥정하면 된다.

화려하게 장식한 마차에 올라 중세 귀족이 된 듯 세비야의 구시가지를 둘러보는 것도 운치 있는 세비야 여행의 추억으로 남으리라.

로망의 도시,
세비야와의 기약 없는 이별

신대륙 발견의 위업을 남긴 탐험가 콜럼버스와 인연이 깊은 세비야 대성당을 구경하고 숙소로 돌아와, 여행 출발 전 미리 준비해 온 즉석밥과 김치, 컵라면 등으로 조촐하게 저녁을 해결한다.

내일은 아침 일찍 마드리드로 이동해야 해서 각자 캐리어를 정리

하며 떠날 채비를 단단히 한다. 잠시 후 아내와 큰아들은 밀린 세탁을 위해 숙소 근처의 코인 세탁소로 향한다. 나는 작은아들과 함께 호텔 로비의 바에 들러 맥주와 와인을 시켜놓고, 세비야를 베이스캠프 삼아 5일간 여행한 남부 안달루시아 지역의 여행담을 도란도란 주고받는다.

세비야를 비롯한 스페인 남부 안달루시아의 도시들은 가는 곳마다 중세풍의 화려하고 독특한 건축물들이 여행자의 시선을 사로잡아 설레게 하다가도, 도시 외곽으로 나오면 푸른 초원처럼 싱그럽게 펼쳐지는 고즈넉한 농촌 풍경이 들뜬 기분을 서서히 진정시켜 주는 매력이 있다.

밤 9시 무렵, 세탁을 마친 아내와 큰아들이 돌아오자, 가족 모두 호텔 옥상 테라스로 올라가 세비야에서의 마지막 밤을 기념한다. 다 함께 둘러앉아 달콤한 베르무트를 마시며 각자 이번 여행에서 느낀 소회를 나눈다. 더없이 즐겁고 행복한 시간이다.

내가 며칠 동안 머물며 겪어본 세비야는 안온한 힐링과 느릿한 쉼표가 있는 휴양 도시로 무엇 하나 부족함이 없다. 생각 같아서는 나의 로망과도 같은 도시, 이 세비야에서 더 오래 머물고 싶지만, 다음 여행 일정 탓에 발길을 돌려야 해서 몹시 아쉽다.

어디선가 읽은 내용인데, 스페인 사람들 가운데는 젊은 시절엔 마드리드 같은 대도시에서 바쁘게 살다가, 은퇴 후에는 남부 안달루시아로 이주해 느린 삶을 즐기며 노년을 보내는 이들이 많다고 한다.

옥상 테라스 너머로 반짝이는 야경을 바라보며 여행 내내 정겨움이 피어났던 도시 세비야와의 이별을 고한다. 기약 없는 작별이기에 더욱 애틋하다.

마드리드행 고속 열차(AVE)

오늘은 세비야를 떠나는 날. 더 머물고 싶은 마음이 간절하지만, 발걸음은 어쩔 수 없이 다음 여정을 향한다. 떠나는 심정이 정든 사람과 헤어지는 마음처럼 서운하다. 지친 영혼을 포근히 감싸주는 안

식처 같은 도시, 어쩌면 내 유년의 고향같이 훈훈한 도시, 세비야여! 안녕.

아침 7시 30분경, 히랄다 호텔 로비에서 체크아웃을 끝으로 4박 5일간의 꿈같이 행복했던 세비야 일정에 마침표를 찍는다. 상쾌한 아침 공기를 마시며 숙소에서 20분가량 걸어 세비야의 기차역, 산타 후스타(Santa Justa)역에 도착한다.

잠시 후, 열차 탑승 시간이 되어 개찰구에서 스페인 철도청(Renfe) 역무원의 검표를 거친 뒤 마드리드행 고속 열차(AVE)에 오른다. 열차는 세비야를 출발해 코르도바(Córdoba), 시우다드 레알(Ciudad Real), 톨레도(Toledo)를 거쳐 마드리드 아토차(Atocha)역까지 약 2시간 40분을 달려 종착역에 멈춘다.

여행 중 열차로 이동하며 혹시 객차 사이의 짐칸에 캐리어를 보관할 경우, 분실에 유의해야 한다. 유럽에서는 기차 여행 중에 캐리어를 도난당하는 일이 종종 발생하기 때문에 자전거 바퀴에 채우는 와이어형 자물쇠로 단단히 고정해 두는 것도 하나의 예방법이다.

마드리드행 고속 열차는 외형상 우리나라의 KTX와 흡사하다. 다만 좌석은 탁자를 중간에 두고 두 사람씩 마주 보는 형태로 설치해

놓은 점이 다르다. 열차가 막 플랫폼을 떠나자, 마주 앉은 젊은 서양인 커플이 다소 민망한 애정 행각을 벌이기 시작한다. 목불인견(目不忍見)이 따로 없다.

아무리 남의 시선을 의식하지 않는 서양의 문화라 해도 공공장소에서의 과한 스킨십은 낯설고 당혹스럽다. 동양과 서양의 문화적 차이를 새삼 실감하며 나는 그들의 노골적인 스킨십을 피해 눈을 감고 잠을 청한다.

Spain

3부

사통팔달의 현대 도시,
마드리드

-마드리드(세고비아/톨레도) 여정(2024. 01. 26.~01. 30./3박 5일)-

▶ 9일 차(26일):

마드리드(아토차역) → 레티로 공원 → 푸에르타 데 알칼라 호텔 → 프라도 미술관 → 솔 광장

▶ 10일 차(27일):

마드리드 · 세고비아 간의 국도(세르반테스의 출생지, 프랑코 장군의 묘지) → 세고비아(세고비아 알카사르, 세고비아 대성당, 마요르 광장, 로마 수도교) → 톨레도(톨레도 대성당, 산토 토메 성당, 옛 유대인 거리, 국영 파라도르 호텔 앞) → 푸에르타 데 알칼라 호텔

▶ 11일 차(28일):

마드리드 시내 → 엘 코르테 잉글레스 백화점 → 솔 광장(제로 포인트, 곰 동상) → 마요르 광장 → 산 미겔 시장 → 푸에르타 데 알칼라 호텔

▶ 12일 차(29일):

푸에르타 데 알칼라 호텔 → 마드리드 공항 → 뮌헨 공항 → 인천 공항

▶ 13일 차(30일):

인천 공항 도착

팔색조의 매력을 지닌 세계 2위 관광 대국, 스페인

한 시간 남짓 단잠을 자고 눈을 뜨니, 고속 열차 창밖으로 광활하게 펼쳐진 푸른 들판과 멀리 우뚝 솟은 산들이 시원하게 시야를 채운다. 차창 밖 풍광에 넋을 놓고 있다가, 문득 열차 안 모니터에 비친 스페인의 국기에 눈길이 간다.

스페인의 국기 로히괄다(Rojigualda)는 1785년 카를로스 3세가 군함용 깃발로 처음 제정한 것이 그 기원이다. 이후 1843년 이사벨 2세가 이를 군기로 지정해 사용하다가, 1978년에 이르러 지금의 국가 공식 국기로 제정되었다. '로히괄다'라는 명칭은 붉은색을 뜻하는

'로호(rojo)'와 황금색을 의미하는 '괄다(gualda)'의 합성어다.

국기 속 위아래의 붉은색은 '스페인을 지켜온 사람들의 피와 정열'을, 중앙의 황금색은 '스페인의 영토'를, 왼편에 배치된 국가 문장(Emblem)은 '옛 이베리아반도에 존재했던 다섯 왕국이 통합된 스페인의 역사'를 각각 상징한다. 이 국기 속에서조차 과거 무적함대 시절의 당당한 기백이 느껴진다.

스페인의 국가 경제를 지탱하는 세 축은 금융업, 관광산업, 농업이다. 이 가운데 관광산업은 도시나 지역마다 그 발달 정도에 따라 차이가 크다 보니, 빈부 격차와 함께 지역 간 갈등의 원인이 되기도 한다. 이를테면 몇몇 주 정부가 중앙 정부를 향해 끊임없이 독립을 요구하는 원인 중에 하나도, 경제 문제가 그 배경에 깔려 있다. 당장 바르셀로나만 해도 관광산업이 크게 발달해 경제적 자립도가 높다 보

니, 독립의 목소리를 높이고 있는 것이 현실이다.

스페인은 국토 면적이 한국의 약 다섯 배에 달하지만, 인구는 4,800만여 명으로 양국이 엇비슷하다. 인구 밀도가 적당하고 온화한 기후에 자연환경도 잘 보존되어 있어 사람이 살기에 아주 좋은 나라다. 게다가 스페인은 주변 유럽 국가들에 비해 상대적으로 물가가 저렴한 편이다. 특히 식료품 가격이 그렇다.

우연의 일치겠지만 음식 맛에서도 한국과 묘하게 통하는 부분이 있어 내 입맛에도 꽤 잘 맞는 편이다. 이런저런 호감이 쌓이다 보니 날이 갈수록 스페인이라는 나라에 푹 빠져든다. 그리고 이 나라 시민들의 몸에 배어 있는 질서 의식과 여유로움은 딱 내 취향이다. 만약 내가 한국 이외의 다른 나라에서 살아야 한다면, 나는 한 치의 망설임도 없이 스페인에서 살겠다고 말할 것이다.

유럽의 관광지 중에 우리나라 여행객들이 많이 찾는 스페인은 어디를 가나 날씨가 화창하고 풍광이 아름답다. 도시마다 여행객의 오감을 사로잡는 볼거리, 먹거리, 그리고 잘 갖춰진 관광 인프라까지 무엇 하나 흠잡을 데가 없다. 연간 8~9천만 명에 달하는 여행객이 찾는 세계 2위의 관광 대국 스페인은 팔색조의 매력을 지닌 나라다.

이토록 매혹적인 스페인을 좀 더 젊었을 때 미리 알았더라면 얼마나 좋았을까? 진작에 알고 찾아오지 못한 것이 후회막급이다. 무심코 청춘을 다 흘려보내고 초로의 나이에 이 아름다운 나라를 처음 만났다는 사실이 너무나 원망스럽다. 그리고 어느새 내게서 저만치 달아나 버린 세월이 참 야속하게 느껴질 뿐이다.

창밖을 바라보니 고속 열차가 점차 속도를 줄이며 마드리드 시내로 들어서고 있다. 세비야의 산타 후스타(Santa Justa)역을 출발한 열차는 정확히 2시간 43분 만에 우리를 마드리드 아토차(Atocha)역에 내려놓는다.

마드리드에는 전국 주요 도시를 오가는 2개의 대표 열차역, 아토차역과 차마르틴(Chamartín)역이 있다. 한국으로 치면 서울역과 수서역쯤 되는 기차역이다. 그러니까 마드리드의 아토차역에 내린 우리는, 아마 서울의 서울역에 내린 것과 마찬가지일 것이다. 지금 역사 내부는 오가는 열차 이용객들로 한창 붐비고 있다.

마드리드 시민들의 쉼터, 레티로 공원(Parque del Retiro)

인파를 뚫고 아토차역을 빠져나와 횡단보도를 건너 조금 걷자, 도심 한복판에 자리 잡은 공원이 모습을 드러낸다. 바로 마드리드 시민들의 쉼터 레티로 공원(Parque del Retiro)이다. 아토차역에서 도보로 5분 거리인 이 공원은 전체 둘레가 4km에 달하는 도심 속의 대형

녹지 공간이다.

레티로 공원은 16세기 스페인의 황금시대에 펠리페 2세가 지은 별궁, 부엔 레티로(Buen Retiro)의 정원이다. 당시에는 왕실의 여름 별장으로 사용되었는데, 오늘날에는 마드리드 시민들과 여행객들의 쉼터로 사랑받고 있다. 공원 안에는 벨라스케스 궁전, 크리스털 궁전, 야외 음악당, 알폰소 7세 기념비, 인공 호수, 카페 등이 적절히 조화를 이루며 레티로 공원 특유의 고풍스러운 아름다움을 연출한다.

공원 여기저기에는 반려견을 데리고 산책하거나 가볍게 달리는 사람들의 모습이 눈에 띈다. 인공 호수 위 조각배에 올라 천천히 노를 저으며 뱃놀이하는 연인들의 모습 또한 무척이나 정답고 한가로워 보인다.

마드리드 도심의 상점들이 문을 닫는 오후 2시부터 5시까지의 시에스타(Siesta) 시간대에 마땅히 갈 곳을 찾는다면, 이 공원을 산책하거나 나무 그늘 밑에 앉아 사색에 잠겨보는 것도 꽤 매력적인 선택

이 될 것이다.

짐이 잔뜩 든 무거운 캐리어를 끌며 호숫가 산책로를 지나 공원을 한참이나 걸었건만, 출구는 좀처럼 보이지 않는다. 생각보다 훨씬 규모가 큰 공원이다. 처음부터 이 정도로 클 줄 알았더라면 택시를 타고 이동하는 것이 나았을 텐데, 뒤늦은 후회가 밀려온다.

미술 애호가들의 성지, 프라도 미술관(Museo Nacional del Prado)

대낮 한적한 레티로 공원을 가로질러 예약해 둔 숙소를 향해 발걸음을 서두른다. 말없이 걷다가 쉬기를 반복하며 30분 가까이 걸어 도착한 곳은 푸에르타 데 알칼라 호텔(H10 Puerta de Alcalá Hotel). 마드리드 여정 동안 우리가 머물 숙소다.

기차역에서부터 숙소까지 무거운 캐리어를 끌고 온 터라 몸은 지치고 배도 고프다. 곧바로 체크인을 마치고, 숙소 옆에 있는 파이브 가이즈에서 치즈버거로 간단히 점심을 해결한다. 매사를 철저하게

준비하는 큰아들은 아내와 함께, 내일 예정인 '세고비아·톨레도 가이드 투어'의 집결 장소를 확인하러 지하철역으로 향한다. 참 대견하고 든든하다. 나는 쌓인 피로를 풀기 위해 잠시 객실에서 달콤한 낮잠을 청한다.

객실 TV를 켜니 스페인의 뉴스 채널 '24h'에서 우크라이나 포로를 태우고 가던 러시아 군용기가 도네츠강 상류 벨고로드(Belgorod) 상공에서 추락한 사고를 긴급 속보로 전하고 있다. 나는 침대에 몸을 눕히자마자 밀려오는 피곤 때문인지 금세 스르르 잠에 빠져들고 만다.

늦은 오후, 프라도 미술관(Museo Nacional del Prado)을 찾아 미술 작품 감상에 나선다. 1819년 개관한 마드리드의 프라도 미술관은 뉴욕의 '근대 미술관(Museum of Modern Art, MoMA)', 상트페테르부르크의 '에르미타주 미술관(The State Hermitage Museum)'과 함께 세계 3대 미술관으로 손꼽히는 거대한 미술의 전당이다.

프라도 미술관은 회화, 조각, 소묘, 판화 등 8천 점이 넘는 다양한

장르의 미술 작품을 소장·전시하고 있다. 미술관의 1층 중앙에는 벨라스케스의 문이, 좌우로는 고야의 문과 무리요의 문이 배치되어 있다. 작품은 1, 2층으로 나누어 전시하고 있는데, 스페인을 비롯해 유럽 각국의 명화들이 가득하다.

그중 눈여겨 감상해 볼 만한 작품으로는 1층에 전시된 엘 그레코의 「성 삼위일체」, 무리요의 「목자들의 경배」, 그리고 2층에 전시된 벨라스케스의 「시녀들」, 고야의 「옷 벗은 마하」와 「옷 입은 마하」, 피카소의 「게르니카」 등이 있다.

미술 애호가들에게 성지와도 같은 프라도 미술관은 스페인을 비롯해 네덜란드, 독일, 프랑스, 이탈리아 등 유럽 각국의 회화 및 조각 걸작품들이 전시되어 있어, 연중 관람객들로 북새통을 이룬다.

한국어로 번역된 오디오 가이드 기기를 대여해 전시 동선에 따라 천천히 감상하면 명작들을 보다 깊이 있게 즐길 수 있다. 미술관 내부에서는 보안상 사진 촬영이 금지되어 있어, 눈과 마음으로 작품을

온전히 담아 가야 한다.

작품 감상 후에는 미술관 바로 옆에 자리한 산 헤로니모스 성당(Iglesia de San Jerónimos el Real)을 찾아 잠시 들뜬 마음을 차분하게 진정시켜 보는 것도 좋을 듯싶다. 외관이 아름답고 고요한 분위기가 인상적인 곳이다.

솔 광장 밤거리에서 신식 고려장(高麗葬) 당한 느낌

마드리드에 도착한 뒤, 오후 한나절이 순식간에 지나간다. 서울이든 마드리드든 시간은 늘 빠르기만 하다. 해 질 무렵, 가이드 투어 집결지 점검과 시내 쇼핑을 마친 아내와 두 아들이 숙소로 돌아오자, 저녁 식사를 예약해 둔 레스토랑을 찾아 솔 광장 근처로 이동한다.

그런데 숙소 앞에 도착한 우버 택시는 다름 아닌 낯익은 기아 차량. 순간 정든 친구라도 만난 것처럼 마음속에 반가움이 밀려온다. 자동차의 본고장 유럽 한복판에서 한국산 옵티마(K5) 승용차를 타고

마드리드 도심을 달리다니, 참으로 감개무량하다.

택시는 잠깐만에 마드리드 최고의 번화가, 솔 광장(Puerta del sol) 앞에 멈춘다. 초저녁임에도 솔 광장과 주변 거리에는 수많은 인파로 발 디딜 틈이 없다. 주말의 서울 명동을 떠올리게 한다. 우리는 거리의 인파를 피해 가며 구글 지도를 따라 예약해 둔 레스토랑을 찾아 들어선다. 점원의 안내로 자리에 앉아 빠에야, 쇠고기 감자칩, 돼지고기 감자볶음 등을 주문해 놓고 오붓하게 저녁을 즐긴다.

저녁을 먹고 나서 솔 광장 주변을 거닐다가 큰아들의 추천으로 인근의 돼지 부속 고기 요릿집을 찾아가기로 한다. 그런데 이게 화근이었다. 스마트폰을 보며 걷다가 인파에 휩쓸려 나 홀로 가족들과 떨어져 헤매는 신세가 되고 만다.

가로등 불빛은 어슴푸레하고 거리엔 사람들로 가득해 도무지 가족들을 찾을 수가 없다. 엎친 데 덮친 격이랄까. 계속 연락을 시도해 보지만 카톡도 전화도 먹통이다. 순간 당혹스럽고 가슴이 답답해진

다. 막막함에 서서히 숨이 차오른다. 웃자고 하는 말이지만, 그때는 잠시 신식 고려장(高麗葬)을 당한 듯한 느낌이었다.

다행히도 조금 뒤 전화 연결이 되면서 큰아들이 나를 찾아오고, 다시 가족들과 합류해 요릿집으로 이동한다.

나는 이곳의 돼지 부속 고기 요리를 우리나라 순대나 곱창 맛쯤으로 생각했다. 그러나 식탁에 나온 요리는 냄새가 너무 강해 도저히 먹을 수가 없다. 결국, 모두 먹는 것을 포기하고 요릿집을 나와 예약한 택시를 타고 숙소로 돌아온다.

곧장 샤워를 마치고 침대에 누워 생각해 보니, 오늘은 나에게 참 쇼킹한 하루였다는 생각이 든다. 스마트폰 유튜브 채널로 MBN-TV의 '현역 가왕2' 하이라이트 영상을 보다가 곤한 잠에 빠져든다.

『돈키호테』의 작가 세르반테스의 고향, 알칼라 데 에나레스(Alcalá de Henares)

마드리드 체류 이틀째 아침이다. 오늘은 아내와 둘이 마드리드 근교의 역사 유적지, 세고비아(Segovia)와 톨레도(Toledo)를 돌아보는 당일치기 가이드 투어에 나선다.

해가 뜨기 전 어스름한 새벽, 프린시페 데 베르가라(Príncipe de

Vergara)역에서 지하철을 타고 노비시아도(Noviciado)역에 내린다. 이른 아침 지하철 객차 안에서 마주한 마드리드 시민들의 모습은 한결같이 차분하고 세련미가 넘친다. 며칠 전 바르셀로나 지하철에서 본 자유분방하고 활기 넘치던 시민들과는 또 다른 모습이다.

지하철역 출구에서 나와 약 5분쯤 걸어가니 가이드와의 만남 장소에 도착한다. 조금 일찍 도착한 우리는 스페인 광장 앞 레드바(Red Bar) 커피숍에 들어가 모닝커피를 마시며 약속 시간을 기다린다.

잠시 후 가이드와의 약속 시간이 되자, 오늘 투어를 예약한 여행객들이 만남의 장소로 속속 모여든다. 투어 버스를 타고 출발한 지 약 20분쯤 되었을까? 갑자기 버스가 도로변에 멈춰 선다. 이유인즉 버스가 고장 나서 운행할 수 없다고 한다. 고장 난 버스 안에서 한 시간가량 대기하다가 대체 버스가 도착하자 옮겨 타고 다시 세고비아를 향해 달린다.

새로 갈아탄 버스가 달리기 시작한 지 30분 정도 지났을 무렵, 마

드리드 동북쪽 풍경 속으로 알칼라 데 에나레스(Alcalá de Henares) 라는 지명의 이정표가 선명하게 시야에 들어온다. 이곳은 스페인이 낳은 위대한 문호, 『돈키호테』의 작가 미겔 데 세르반테스(Miguel de Cervantes)가 태어난 곳이다.

세르반테스의 『돈키호테』는 세계 문학사에 길이 남을 희극소설로, 스페인에서는 국보처럼 여겨지는 대표 고전이다. 이 소설은 기사 돈키호테와 하인 산초가 떠나는 기상천외한 모험을 통해 웃음과 감동을 전해주며, 순수한 인간의 본성을 들여다보게 해주는 수작(秀作)이다.

러시아의 사회주의 리얼리즘 비평가 루나찰스키는 『돈키호테』를 두고 이렇게 평했다.

"독자들이 이 작품을 우스꽝스럽게 여기면서도 반복해서 읽는 이유는 돈키호테가 자신의 신념을 위해 고통을 감수하며 언행일치를 실천하는 그 순결함과 선량함에 매료되기 때문이다."

특히 작품 속 "길은 내가 선택하는 것이다. 아무리 황량하고 고통

스러워도 내 길을 가겠다."라는 대사는, 한없이 순량한 기사 돈키호테의 성정을 가장 명징하게 보여주는 대목이다.

차창 밖으로 펼쳐지는 고즈넉한 세르반테스의 고향 풍경을 바라보며, 작품 속 기사 돈키호테가 독자들에게 전하는 진솔한 교훈을 되새겨본다.

"명심해라, 산초야. 다른 사람보다 더 노력하지 않고서 다른 사람보다 더 훌륭해지기를 바란다면, 그것은 잘못이다."

세계적인 대문호의 출생지를 스쳐 지나가며 느끼는 감회가 남다르다. 생각 같아서는 버스에서 내려 세르반테스의 고향을 차분히 둘러보고 싶지만, 자유여행이 아닌 가이드 투어인지라 그럴 수 없어 못내 아쉽다.

스페인 내전의 상징, 프란시스코 프랑코(Francisco Franco)

세고비아를 향해 달리는 버스의 차창 밖 건너편 산자락 위로 스페인 내전의 상징과도 같은 프란시스코 프랑코(Francisco Franco)의 묘지가 눈에 들어온다. 스페인 현대사 속에 독재자의 오명으로 남은 인물, 프랑코 장군의 생애가 자연스레 머릿속을 스쳐 간다.

그는 스페인 서북부 갈리시아 지방 페롤의 해군 가문에서 태어났다. 군인의 길을 걸었던 형제들의 영향 때문인지는 모르겠으나, 프랑코 역시 톨레도 육군 보병 사관학교에 입학하며 군인의 길로 들어선다.

1912년, 모로코 북부 리프 지방에서 벌어진 1차 리프 전쟁(Guerra del Rif)에 초급 장교로 참전한 프랑코는, 모로코 현지인으로 구성된 외인부대 '레굴라레스(식민지인 부대)'를 이끌며 일약 전쟁 영웅으로 떠오른다. 특히 1921년, 안누알 전투에서 리프 공화국의 군대를 격퇴하고 궤멸 직전의 스페인 군대와 함락 위기의 멜리야를 구해 낸다. 이렇게 탁월한 전공을 세우고 뛰어난 리더십까지 인정받은 그는, 1926년 소장 계급으로 진급하여 장군의 반열에 오른다.

1931년 스페인 왕정이 붕괴된 뒤, 극심한 좌우 대립 속에 1936년 스페인 내전이 발발한다. 이때 프랑코는 좌파 공화당 정부에 반기를 들고 우파 민족주의 세력의 지도자가 된다. 곧이어 총사령관 겸 국

프란시스코 프랑코
(Francisco Franco, 1892~1975):
스페인의 군인, 국가원수 겸 총리

출처: 위키백과

가원수로 추대된 그는, 출중한 전략가로서 1939년 마드리드를 함락시키고 국민당의 승리를 이끈다. 이후 카우디요(Caudillo, 군사 · 정치적 권력을 지닌 최고 지도자)를 자칭하며 40년에 걸친 우파 권위주의 독재정권의 철권통치에 나선다.

프랑코가 초법적인 권한을 가진 독재자로 군림했던 40년 동안 스페인에서는 처형과 강제노역, 기아 등으로 약 20만 명에 달하는 사망자가 발생하였다. 그 잔혹함은 동남아의 크메르루주(Khmers rouges) 정권이 저지른 집단학살을 떠올리게 하며, 동시에 한국 현대사의 상흔으로 남은 군사 독재의 망령까지 떠오르게 한다.

프랑코의 일생을 되짚으며 새삼 깨닫는다. 동서고금을 막론하고 역사는, 비록 난망한 고난 속에 놓일지라도 결국 언제나 진실의 토대 위에 정의를 꽃피우는 성스러운 시간의 기록이라는 명백한 사실을, 지금 이 순간에도 독재를 꿈꾸는 자들에게 무언으로 경고하는 듯하다.

철옹성 같은 요새의 궁전, 세고비아 알카사르(Alcázar de Segovia)

버스 고장으로 지체된 투어 일정이 미안했던 것일까? 가이드는 세고비아에 도착할 때까지 내내 마이크를 손에 쥐고, 스페인의 이모저모를 친절하고 자상하게 설명한다. 그의 투철한 직업 정신에 절로 박수가 나온다.

마드리드 외곽에서 갈아탄 투어 버스는 약 1시간 20분 만에 세고비아 알카사르(Alcázar de Segovia) 아래 관광객 주차장에 도착한다. 스페인을 여행하는 동안 관광지 어디에서나 차량으로 붐비던 주차장이 여기서는 생각보다 한산하다.

버스에서 내려 세고비아의 하늘을 올려다본다. 눈부시게 빛나는 쪽빛 하늘 위로 솜털 같은 뭉게구름이 천천히 유영하는 모습이 참 곱다. 꼭 하얀 솜사탕이 하늘 위로 떠가는 것 같다. 참으로 오랜만에 보는 청정무구의 벽공(碧空)이다. 쾌청한 날씨만큼이나 마음도 한없이 상쾌하고 순수해지는 느낌이다.

주차장에서 바라보는 언덕 위 세고비아 대성당의 자태가 조각품처럼 아름답고 고급스럽다. 당일치기 여행에 나선 우리 40여 명의 일행은 마치 학창 시절 소풍이라도 나온 듯, 두 줄로 나란히 서서 가이드를 따라 갈지(之) 자 모양의 오르막길을 걸어 세고비아 알카사르 입구에 다다른다.

세고비아는 마드리드 북서쪽에 위치하는 해발 1,000m 고원의 성곽 도시로, 과다라마산맥의 험준한 지형 속에 자리 잡고 있다. 이 지형만 보더라도 세고비아 알카사르의 성채는 외부의 적이 공격하여

쉽게 함락할 수 없는 난공불락의 요새였음을 짐작하게 한다.

세고비아 알카사르는 가파른 바위산 위에 터를 잡고, 절벽 위로 성벽을 쌓아 성채 전체를 한 바퀴 휘감고 있는 구조이다. 성채 아래로는 에레스마강(Río Eresma)과 클라모레스강(Río Clamores)이 흐르고 있어 천연 요새로서의 조건을 완벽하게 갖춘 곳이다.

그래서인지 이곳을 흔히 '세고비아 성'이라고 부른다. 한눈에 보아도 철옹성같이 견고한 모습이 능히 왕실의 궁전다운 품격을 지녔다.

「백설 공주」의 성, 세고비아 알카사르

세고비아는 도시 전체가 유네스코 세계문화유산에 등재된 유서 깊은 문화 유적의 도시다. 월트 디즈니의 만화 영화 「백설 공주」에 나오는 성의 실제 모델로도 유명한 세고비아 알카사르는 첫눈에 봐도 세련되고 우아함이 넘친다.

이곳은 중세 에스파냐 왕국을 통일한 이사벨 1세 여왕(La Reina Isabel I)의 대관식이 거행된 역사적 장소로도 널리 알려져 있다. 이슬람과 가톨릭, 르네상스 건축 양식이 절묘한 조화 속에 공존하는 궁전의 모습은 이국적이면서도 독특한 매력을 발산한다.

중세 에스파냐 왕국을 통일하고, 스페인이 16세기 유럽의 패권 국가로 성장하는 데에 초석을 놓은 이사벨 1세 여왕은 지금도 스페인 국민이 가장 존경하는 역사 속 인물로 전해오고 있다.

잠시 중세 스페인의 역사에서 그 누구도 범접하지 못할 위대한 업적을 남긴 절대 군주 이사벨 1세 여왕의 생애를 되돌아본다.

그녀는 레온·카스티야 왕국의 공주로 태어나, 1469년 아라곤 왕국의 왕자 페르난도와 정략결혼을 통해 이베리아반도의 가톨릭 왕조들 사이에서 강력한 세력을 다지는 기틀을 마련한다. 이어 1474년, 이사벨은 카스티야의 여왕으로, 페르난도는 아라곤의 왕으로 즉위

이사벨 1세(Isabel I, 1451~1504):
카스티야 연합 왕국의 여왕
출처: 나무위키

하며 각각의 왕국을 다스리다가, 1492년 두 왕국의 연합군이 이슬람 나스르 왕조의 마지막 보루 그라나다를 함락시켜 마침내 스페인 가톨릭 왕국의 통일 대업을 완수한다. 이 역사적인 승리로 레콩키스타(Reconquèsta)를 완성한 이들 부부에게 당시 교황은 '로스 레예스 카톨리코스(Los Reyes Católicos, 가톨릭 부부 왕)'라는 명예로운 칭호를 하사한다.

뿐만 아니라, 이사벨 1세 여왕은 콜럼버스의 신대륙 항해를 전폭적으로 지원해 스페인이 중남미 지역에 수많은 식민지를 건설하고, 16~17세기 무적함대의 위용으로 유럽을 제패하는 데 기반을 다진 인물이기도 하다.

세고비아 알카사르 내부에 들어서니, 중앙의 파티오를 비롯해 탑 위의 테라스와 여러 개의 방에 전시된 유물과 유적들이 눈길을 끈다.

궁전 꼭대기의 드높은 망루에 올라 적의 동향을 예리하게 살폈을 정찰병의 모습과 철갑옷을 입고 긴 창을 든 기마병의 용맹함이 눈앞

에 생생하게 그려진다. 무릇 위풍당당한 알카사르의 외관만으로도 중세 카스티야 왕국의 위세가 온몸으로 전해지는 느낌이다.

성채 안에서 창문 밖으로 바라본 풍경 또한 장관이다. 강 건너, 산 마르코스 목초지(Pradera de San Marcos) 옆길과 주변 마을의 모습이 마치 창틀 속에 한 폭의 풍경화를 담아 놓은 것처럼 아름답기가 그지없다.

중세 시대 세고비아 알카사르와 주변의 주거 형태는 신분에 따라 판이한 양상을 보인다. 당시 귀족과 상류층은 궁전이 자리 잡은 안전한 성안에 거주하였으나, 평민과 하층민은 성 외곽의 평지나 강가에 모여 살았다. 이런 까닭에 외부의 침략이 닥치면 평민이나 하층민은 가장 먼저 피해를 당하거나, 시련을 겪는 처지에 놓일 수밖에 없었다.

이렇듯 주로 권력층은 높은 지대에, 하층민은 낮은 지대에 거주지를 형성하며 살았던 중세 시대의 주거 형태는, 한국이나 일본 등 동아시아의 역사에서도 크게 다르지 않게 나타난다. 봉건 시대의 유물

을 여기서 또 한 번 발견한다. 지리와 문화는 달라도, 권력 구조의 본질은 놀랄 만큼 닮았다. 참으로 어이없는 동서양의 공통점이다.

세고비아 대성당(Catedral de Segovia)과 마요르 광장(Plaza Mayor)

세고비아 알카사르에서 나와 구시가 초입에 자리한 산 안드레스 교회(Iglesia de San Andrés) 앞을 지나자, 완만한 경사의 골목길이 시작된다. 여기서 조금 걸어 올라가니 골목 양쪽으로 구시가의 기념품 가세들이 하나둘 모습을 드러낸다.

이곳에서는 주로 액세서리 같은 자그마한 기념품을 판매하고 있다. 우리도 기념품 가게에 들어가 잠시 이것저것을 들여다보며 구경한다.

기념품 구경을 마친 뒤, 구시가의 아기자기한 골목길을 한참 걸어 올라가니 세고비아 대성당과 중심 광장인 마요르 광장이 눈앞에 펼쳐진다. 대성당을 바라보는 내내 세련되고 우아한 분위기가 물씬 느껴져, '귀부인'이라는 애칭이 정말 잘 어울리는 건축물이라는 생각이 든다.

세고비아 대성당(Catedral de Segovia)은 1525년 카를로스 1세의 명으로 재건을 시작해, 1577년에 지금의 모습으로 완공된 건축물로 스페인 고딕 양식의 진수를 보여준다. 마치 뾰족한 돌기 하나하나를 섬세하게 깎아 붙인 듯한 독특한 모양의 첨탑들이 이채롭다. 누런빛을 띤 대성당 외벽에서 풍겨오는 은은한 아름다움 또한 매력적이다. 아내와 나는 대성당 바로 앞, 마요르 광장에서 잠시 휴식을 취하며

대성당을 배경 삼아 기념사진도 남긴다.

세고비아 대성당 앞 중심부에 자리 잡은 마요르 광장(Plaza Mayor)은 사방이 주택과 상점으로 둘러싸여 있어 따스하고 평온한 분위기가 느껴진다. 지금은 이렇게 평화롭고 안온하지만, 과거에는 이곳에서 종교재판이 열리고, 유죄를 선고받은 이들에게 잔혹한 화형이 집행되었던 비극의 장소이기도 하다.

현재 이 광장에는 세고비아 시청사가 자리 잡고 있으며 광장 주변으로는 레스토랑과 카페, 바 등이 이어져 있어 로마 수도교 관람 전후 잠시 쉬어가기에 딱 좋은 공간이다.

한편 이곳에서는 매주 목요일마다 장이 선다고 한다. 우리식으로 치면 시골 장터가 정기적으로 서는 5일장쯤에 해당하는 셈이다. 한때 참혹한 고문과 처형이 자행되던 비극의 현장이 아이러니하게도 이제는 장터로 바뀌어 사람들 사이의 정이 오가는 쉼터로 탈바꿈했다니, 그야말로 상전벽해(桑田碧海)가 따로 없다.

로마 수도교(물이 흐르는 다리)

마요르 광장에서 좁은 골목을 따라 조금 내려오니, 눈앞에 세고비아의 랜드마크, 로마 수도교(Acueducto de Romano, 물이 흐르는 다리)가 웅장한 자태를 뽐내며 길게 뻗어 있다. 2천 년 세월의 풍화를 이겨내고 지금도 그 자리에 변함없이 서 있는 거대한 수도교는 여행자의

눈에 경외감 그 자체로 다가온다.

이 수도교는 로마 제국 클라우디우스(Claudius) 황제의 통치 시절, 로마인들이 이베리아반도를 지배하며 건설한 토목 건축물이다. 세고비아에서 16km나 떨어진 프리오강(Río Frío)의 물을 도시로 끌어와 주택가에 공급하기 위해 만들어졌으며, 약 2만 400여 개의 육중한 화강암 석재를 다듬어 2단의 아치 구조로 정교하게 연결하여 축조한 토목 건축의 걸작이다.

놀라운 점은, 모르타르나 시멘트 같은 접착제 없이 석재를 블록처럼 쌓아 올리고, 아치 꼭대기의 종석에 가해지는 압력을 이용해 구조물 전체를 안정적으로 지탱하게 하는 공법을 활용했다는 점이다. 고대 로마인들의 치밀한 계산력과 뛰어난 토목 기술에 감탄이 절로 나온다. 이곳 수도교의 최고 높이는 약 30m, 전체 길이는 728m에 달하며, 총 166개의 아치와 120개의 기둥으로 받쳐져 있다.

아소게호 광장(Plaza Azoguejo) 중앙을 관통하는 아치 상단에는 성

세바스티아누스(Saint Sebastianus)의 조각상이 안치되어 있어 여행객들의 시선을 사로잡는다.

로마 수도교의 급수 방식은 과다라마산맥(Guadarrama Cordillera)에서 발원한 프리오강의 물을, 지하 수로를 통해 '엘 카세론(El Caserón, 큰 집)'과 '까사 데 아구아스(Casa de Aguas, 물의 집)'라는 2개의 정수탱크를 거쳐, 평균 경사 1도를 유지한 채 세고비아까지 흘러오게 설계되었다.

이렇게 흘러오며 자연스럽게 정화된 물은 도시의 고지대에 자리 잡은 '포스티고(Postigo, 작은 문)'를 통과해 세고비아 알카사르와 시가지에 공급되었다. 이때 수도교를 통한 배수는 꼭대기에 놓인 폭 1.8m, 깊이 1.5m의 U자형 수로(Attic)를 따라 공급되었는데, 주로 세고비아 알카사르에서 사용했다고 한다. 생각할수록 치밀하고 과학적인 수도교의 용수 공급 방식이다.

수도교의 아래, 아소게호 광장에 서서 2천 년 전 로마인들의 과학

적 안목과 토목 건축의 정수를 올려다본다. 바라볼수록 웅장하고 정교한 토목 기술의 걸작품이다. 누구라도 이 장대한 구조물 앞에 서면 저절로 압도되지 않을 수 없으리라.

이 수도교를 통해 수 세기 동안 공급되어 오던 물은 1909년을 마지막으로 공급이 중단되었으며, 1997년부터는 문화재 보호와 안전성 확보를 위해 수도교 아래 차량 통행도 전면 금지해 오고 있다.

스페인 최고의 별미, 꼬치니요 아사도(Cochinillo Asado)

로마 수도교를 관람한 뒤, 아소게호 광장 주변 레스토랑에서 세고비아의 명물인 꼬치니요 아사도(Cochinillo Asado, 새끼 돼지 통구이) 요리를 맛보는 코스가 여행객들 사이에서는 수도교 여행의 관습처럼 여겨진다.

이 요리는 로마인들이 새끼 돼지를 통째로 구워 먹던 풍습에서 유래한 것으로, 과거 로마 제국의 지배를 받았던 이베리아반도에 남아 오늘날까지 전해 내려오는 전통 음식이다.

세고비아는 꼬치니요 아사도의 본고장으로 불릴 만큼 스페인 내에서도 최고의 맛을 자랑하는 곳으로 유명하다. 이곳의 꼬치니요 아사도 맛이 다른 지역보다 뛰어난 이유는 이베리코 돼지 특유의 부드럽고 깊은 풍미 덕분이다.

꼬치니요 아사도의 조리 방법은 손질한 새끼 돼지에 후추, 오레가노, 월계수 잎 등의 향신료와 소금, 마늘 등의 양념을 뿌린 다음, 오븐에 넣고 200℃ 온도에서 약 2시간 정도 구워내면 완성되는 요리이다.

로마에 가면 로마의 법을 따르라고 하지 않던가. 물론 여기가 로마는 아니지만 로마 수도교 아래까지 왔으니, 로마인의 전통을 조금 흉내라도 내보려는 심산으로 꼬치니요 아사도 요리를 주문해 먹기로 작정한다. 기대 반, 설렘 반의 마음으로 광장 바로 앞에 자리한 메

손 데 깐디도(Mesón de Cándido) 레스토랑에 들어가 자리를 잡는다.

이 레스토랑은 음식 맛만큼이나 특별한 퍼포먼스로도 유명하다. 주방에서 막 구워낸 새끼 돼지 통구이를 커다란 그릇에 담아오면, 직원이 손님 앞에서 접시 하나로 여섯 조각으로 자른 뒤, 그 접시를 레스토랑 바닥에 내던져 깨뜨린다. 이는 날카로운 칼이 아닌 무딘 접시로도 쉽게 자를 수 있을 정도로 육질이 부드럽다는 것을 보여주는 상징적인 퍼포먼스라고 한다.

깐디도 가문의 가업을 4대째 이어오는 유서 깊은 레스토랑에 앉아, 꼬치니요 아사도와 한 잔의 비노 블랑코를 주문하기 위해 점원을 기다린다.

점원이 테이블에 다가와 주문을 받자, 나는 아침에 큰아들에게 속성으로 배운 간단한 스페인어를 다짜고짜 뇌까려 가며 음식을 주문한다.

"¡Hola(안녕하세요)!"

"Cochinillo Asado, Dame uno, por favor(꼬치니요 아사도, 하나 주세요)."

"Un Vino Blanco, por favor(백포도주 한 잔 주세요)."

잠시 후, 식탁 위에 차려진 꼬치니요 아사도를 포크로 찍어 한입 먹어본다. 겉은 바삭하고 고소하며 속은 촉촉하고 부드럽다. 향신료의 향과 소스의 풍미가 어우러져 입안 가득 감칠맛이 퍼진다. 말 그대로 겉바속촉의 교본 같은 맛이다. 한 잔의 비노 블랑코와 함께 꼬치니요 아사도 요리를 즐기며 여행객의 호사를 누려본다.

식사를 마치고 나서, 점원에게 결제 카드를 건네며 또 한 번 호기롭게 초짜 스페인어 실력을 뽐내본다.

"¿Cuánto cuesta(얼마예요)?"

"En euro, por favor(유로화로 결제해 주세요)."

"Gracias(감사합니다)."

오늘 로마 수도교 아래에서 경험한 꼬치니요 아사도는 내 인생 맛으로 기억되는 여행의 한 페이지를 또렷하게 장식할 것이다. 내가 지금껏 스페인에서 맛본 음식 중에 단연 최고의 별미다.

스페인의 옛 수도, 톨레도

이제 우리는 중세 스페인의 모습을 가장 잘 간직한 옛 수도, 톨레도(Toledo)를 향해 떠난다. 이른 아침부터 가이드를 따라 강행군하듯 여행지를 누비다 보니 피곤이 몰려온다. 나는 버스에 오르자마자 곧장 잠을 청한다. 한숨 자고 깨어보니 버스는 어느덧 세고비아를 떠

나 한 시간 남짓 달린 끝에 스페인 가톨릭 정교회의 본산 톨레도 대성당 인근의 주차장에 도착해 있다. 톨레도는 무려 1천 년 동안이나 스페인의 중심 도시로 기능했던 유서 깊은 고도(古都)다. 이곳은 중세 이슬람 세력의 무어인들이 지배하던 시절에 큰 번영을 누렸다.

톨레도는 원래 고대 로마인들이 이베리아반도에 전략적 거점으로 건설한 도시였다. 도시를 에워싸듯 흐르는 타호강(Río Tajo)이 외적의 침입으로부터 방어에 유리한 천혜의 요새 지형을 형성한다. 톨레도 구시가는 건설 당시부터 군사적 목적을 염두에 두고 조성된 탓에 거리 구조가 미로처럼 복잡하게 얽혀 있다. 지금도 골목길 곳곳에는 현재 위치를 알리는 지도나 표식이 남아 있어 주민들은 물론 관광객들의 길잡이가 된다.

또한, 이곳은 스페인이 통일되기 전까지 수 세기에 걸쳐 이슬람교, 유대교, 가톨릭교가 공존하며 독특한 종교 문화를 꽃피운 도시이기도 하다. 하지만 1492년, 가톨릭 왕조가 이베리아반도의 이슬람 세

력을 완전히 정복하면서 톨레도의 아랍인과 유대인들은 개종하거나 추방당하는 처지가 되고 만다.

더욱이 톨레도는 1561년 펠리페 2세가 수도를 마드리드로 옮긴 이후부터 스페인 정치, 경제의 중심에서 점차 멀어지게 된다. 한때 거리마다 인파로 북적이며 활기가 넘쳤을 스페인의 중심 도시가 지금은 고즈넉한 지방 소도시로 전락하여 한가로이 관광객을 맞이하고 있다. 이제는 천년고도의 아련한 역사로만 전해오는 톨레도의 과거 영화가 더없이 애잔하게 느껴질 뿐이다.

톨레도 대성당을 향해 비탈길을 오르던 중, 잠시 걸음을 멈추고 시가지를 내려다본다. 이마에 맺힌 땀방울을 식혀주는 청량한 겨울바람 때문에 한결 기운이 샘솟는다. 발아래 펼쳐진 톨레도의 황톳빛 시가지를 바라보며 과거 이 땅에서 종교 이념을 바탕으로 치열하게 격돌했을 이슬람과 가톨릭, 두 세력 간의 대결을 회상해 본다.

이베리아반도에서 8세기부터 11세기까지 주도권을 장악했던 이

슬람 세력은 이후 수 세기 동안 밀리고 밀린 끝에, 15세기 말 가톨릭 왕조에게 마지막 거점 그라나다마저 내주고 만다. 이로써 800여 년 이슬람 통치의 역사는 쓸쓸히 막을 내리게 된다. 오늘 스페인의 천년고도 톨레도에서 기나긴 세월 속에 축적된 무슬림의 영욕의 역사가, 이 도시의 황톳빛 골목 여기저기에 깊이 서려 있음을 느낀다.

별안간 떠오르는 관념 하나가 잔잔한 호수에 퍼지는 파문처럼 뇌리에 묵직한 파동을 남긴다. 영겁의 시간 속에 찰나와 같은 인류 역사의 흥망성쇠가, 여름날 무성했던 나뭇잎이 하룻밤 사이에 낙엽 되어 스러지는 자연의 섭리와 크게 다르지 않음을 다시금 느껴본다.

스페인 가톨릭 수석 대교구 성당, 톨레도 대성당

늦은 오후, 톨레도에 도착한 우리 당일치기 여행객들은 빠르게 흐르는 시간을 조금이라도 아끼려고 톨레도 대성당으로 향하는 골목길을 종종걸음으로 걷는다. 주차장에서 대성당까지는 구불구불한 언덕길과 비좁은 골목을 몇 차례 지나야 한다. 우리의 여행 시간을

소리 없이 삼키며 자꾸만 서쪽으로 멀어져 가는 해가 야속할 뿐이다. 한참을 걸어 톨레도 대성당 입구에 도착해 주변을 둘러보니, 대성당의 첨탑이 하늘을 찌를 듯이 위풍당당하게 솟아 있다.

톨레도 대성당(Catedral de Santa María de Toledo)은 세비야 대성당에 이어 스페인에서 두 번째로 큰 성당이다. 본래 이곳은 약 300년간의 이슬람 지배기 동안 모스크가 자리 잡고 있었던 터였으나, 그 자리에 1493년 현재의 대성당을 세웠다. 프랑스 고딕 양식 특유의 도도한 품격이 흐르는 대성당 안에서 신비로운 성화들과 다채로운 성물들을 바라보는 동안 나는 가슴속에 피어나는 감동을 주체할 수 없었다.

귀로는 이어폰을 통해 가이드의 열띤 해설을 들으며, 손으로는 화려한 성물들을 향해 카메라의 셔터를 끊임없이 눌러댄다. 그 사이 아내는 성당 중심부의 촛불 성전에 서서 두 아들을 위한 기원의 촛불을 봉헌한다.

내부 관람을 마치고 밖으로 나오니 서늘한 바깥 공기가 코끝에 상

큼하게 전해온다. 가이드는 밖에서도 여전히 대성당의 외관을 손가락으로 짚어가며 설명을 이어간다. 대부분의 스페인 성당은 십자가 모양의 구조로 설계되어 있는데, 십자가의 머리 부분은 로마 바티칸 (성 베드로 성당) 방향인 동쪽을 향하고, 발 부분은 출입구가 배치되는 서쪽을 향해 있다고 한다. 톨레도 대성당 또한 이 같은 구조이다.

스페인은 가톨릭 국가답게 주요 도시마다 유서 깊은 대성당이 빠짐없이 존재한다. 이들 대성당 중에 외관의 웅장함으로는 사그라다 파밀리아 성당이, 내부의 화려함으로는 세비야 대성당이 정점을 찍는다면, 스페인 가톨릭의 수석 대교구 성당인 톨레도 대성당은 고딕 건축의 위엄과 함께 신비로운 성화, 정교한 조형물이 조화를 이루는 독보적인 성당이라 할 수 있다. 스페인을 여행할 때 가톨릭에 관심이 있거나 신자라면, 적어도 이 세 곳의 성당은 꼭 다녀가기를 권하고 싶다.

성화(聖畫) 전시장 같은 톨레도 대성당(Catedral de Santa María de Toledo)

스페인 여행자들 사이에서 톨레도 여행의 성지로 입소문이 자자한 톨레도 대성당에 들어서는 순간, 거대한 성당 내부와 화려한 가톨릭의 성물들이 휘황찬란한 자태를 뽐내며 나그네를 맞이한다. 내 눈에는 이곳이 성당이라기보다 오히려 박물관이나 미술관처럼 느껴진다. 성당 내부를 관람하는 내내 형언할 수 없는 감동과 전율이 밀려온다.

대제단을 장식한 예수의 탄생과 성모의 승천, 성모상, 성체 현시대(聖體 顯示臺) 등의 정교하고도 화려한 조형물들은 또 한 번 여행자의 시선을 압도하며 어안이 벙벙하게 만든다.

대성당의 벽면과 천장을 가득 채운 성화들은 마치 성화 전시장에 들어선 듯한 인상을 준다. 엘 그레코(El Greco), 프란시스코 고야(Francisco Goya), 루카 조르다노(Luca Giordano) 등 당대 최고의 거장들이 남긴 명작들이 빼곡히 걸려 있다.

특히 성구 보관실 정면 중앙에 걸려 있는 엘 그레코의 걸작, 붉은 옷을 입은 예수를 그린 「엘 엑스폴리오」와 루카 조르다노가 10년에 걸쳐 완성한 역작, 천장화 「천국의 천사들」은 경건하고 엄숙한 이 성당 안에서조차 터져 나오는 감탄을 억누를 수 없게 한다. 이렇듯 감동을 멈출 수 없게 하는 톨레도 대성당은 단연 스페인 가톨릭교회의 보물이자 자존심이라 할 만하다.

이곳에서 또 하나 인상 깊은 공간은 조각가이자 화가였던 나르시소 토메(Narciso Tomé)가 아들들과 함께 1732년에 완성한 작품 「엘 트란스파렌테」다. 엘 트란스파렌테(El Transparente)는 대성당 천장에 난 창문을 통해 햇빛이 들어오도록 설계해, 벽면의 조각과 회화를 신비

롭게 비추게 한 극적인 연출 효과가 압권이다.

바로크 양식으로 제작된 이 작품은 천사, 성인, 구름, 태양, 천상의 형상 등을 벽면에 입체적으로 조각한 뒤, 정확한 각도의 채광창을 통해 들어온 빛이 이 조각들을 영적으로 빛나게 하는 구조로 설계되어 있다.

이곳을 통해 들어온 빛이 어두운 성당 내부를 은은하게 밝혀주어 마음마저 평온해지는 느낌이다. 고개를 들어 빛이 스며드는 천장과 「엘 트란스파렌테」를 마주하는 순간, 나의 간절한 기원이 꼭 하늘에 닿을 것만 같은 기분 좋은 생각이 든다.

톨레도 옛 유대인 지구

톨레도 대성당 관람을 마치고 나니, 어느새 해는 지고 붉은 노을이 사그라들며 어둑어둑 땅거미가 깔리기 시작한다. 황혼 녘의 대성당을 배경 삼아 기념사진을 남긴 뒤, 엘 그레코의 걸작「오르가스 백작의 매장」으로 유명한 무데하르 양식의 자그마한 산토 토메 성당

오르가스 백작의 매장: 엘 그레코, 산토 토메 성당

출처: 위키백과

(Iglesia de Santo Tomé)을 향해 걷는다. 엘 그레코의 「오르가스 백작의 매장」은 레오나르도 다빈치의 「최후의 만찬」, 미켈란젤로의 「천지창조」와 함께 세계 3대 성화(聖畫)로 불리는 명작이다.

산토 토메 성당 뒷길로 이어진 비좁은 돌길을 따라 조금 내려가니, 옛 유대인 지구(La Judería)에 이른다. 유대인들이 톨레도에 처음 정착한 것은 로마 제국이 이베리아반도를 지배하던 시기였다. 이후 이슬람 지배기에도 이들은 무슬림들과 원만한 관계를 유지하며 비교적 평온한 삶을 이어온다. 그러나 15세기 말 가톨릭 왕조가 스페인을 통일하면서부터 이 땅의 유대인들은 개종과 추방이라는 가혹한 탄압에 직면하게 된다. 잊힌 세월 속에 묻혀 있는 유대인의 가슴 시린 역사를 그들이 살았던 애잔한 삶터에서 마주하고 보니 나그네의 발걸음도 무거워진다.

돌이켜 보면 기원전 135년 유대·로마 전쟁 패배 이후, 로마인들에 의해 시온(예루살렘)의 땅에서 쫓겨나, 지난날 세계 곳곳을 유랑하며 정처 없이 살아야 했던 유대인들의 삶이 한없이 가엾기만 하다.

톨레도의 옛 유대인 지구는 '깜브론의 문(Puerta de Cambrón, 유대인의 문)'을 통해 드나들 수 있다. 한때 이곳에는 유대인의 예배당 '시

나고가(Sinagoga)'가 무려 열한 곳이나 있었으나, 가톨릭 왕조의 국외 추방령으로 대부분 사라지고 지금은 단 두 곳만 남아 있다. 그중 하나가 엘 그레코 미술관 뒤편에 자리한 시나고가 델 트란시토(Sinagoga del Tránsito)다. 당시 추방령으로 인해 약 4만 명의 유대인이 이베리아반도를 떠나야 했다.

옛 유대인 지구를 지나 좁은 골목길을 따라 올라가니, '마사판(Mazapán, 아몬드 가루와 설탕을 반죽해 만든 톨레도의 향토 과자)' 판매점과 각종 기념품 상점이 거리 양편에 길게 늘어서 있다. 아내와 나는 20분가량 주어진 휴식 겸 자유 쇼핑 시간에 마사판 가게에 들어가 선물용 과자를 사서 나온다.

톨레도에서 마사판과 함께 또 하나의 명물로 손꼽히는 것이 '소코트렌(Zocotren)'이다. 전차에 타이어 바퀴를 단 꼬마 기차 소코트렌은 2량의 객차를 연결한 관광용 미니 열차로, 소코도베르 광장(Plaza de Zocodover)에서 출발해 구시가 언덕길, 알카사르 요새, 톨레도 전망대 등 시내 주요 명소를 경유한다. 톨레도에서 1박 2일 이상 머무르며 소코트렌을 타고 천천히 시내를 한 바퀴 돌아본다면, 운치 있는 여행의 묘미를 즐길 수 있을 것이다.

톨레도의 알카사르 요새와 황홀한 야경

무데하르 양식과 고딕 양식이 혼재된 톨레도 알카사르(Alcázar de Toledo)는 13세기경 이슬람 세력이 적의 침입을 방어하기 위해 세운 성채이다. 구시가지 남쪽의 고지대 정상을 우뚝 차지하고 있는 알카사르는 멀리서도 한눈에 보이는데, 특히 밤이 되면 야경이 환상적이

다. 톨레도 여행의 백미는 톨레도 대성당과 함께 알카사르의 야경을 빼놓고는 설명할 수 없을 정도다. 이런 까닭에 이 두 곳은 톨레도 여행자들에게 필수 관람 코스로 자리 잡은 지 오래다.

톨레도 알카사르는 스페인의 전쟁사에서 살아 있는 증인과도 같은 곳이다. 수차례에 걸친 전쟁으로 파괴되었으나, 그때마다 재건을 거듭하며 오늘에 이르렀다. 가장 심각한 파괴는 나폴레옹 군대의 침략으로 인한 화재와 좌·우파 진영 간 치열한 전투가 벌어진 스페인 내전 때이다.

1936년 내전 당시, 이곳은 반군 프랑코 진영의 주둔지였다. 프랑코 우파의 호세 모스카르도(José Moscardó) 대령 휘하 군인들과 가족들은 72일간 성채에 머물며 공화파 인민전선 정부군에 맞서 치열한 저항을 펼쳤다. 현재 이곳은 군사박물관(Museo del Ejército)으로 운영되고 있으며, 내전 당시 사용된 군복과 무기류 등이 전시되어 있다. 건물 내부에는 별도의 무기 박물관도 조성해 놓았다.

해가 지고 어둑한 구시가지의 미로 같은 골목길을 희미한 가로등 불빛에 의지해 어렵사리 빠져나온 우리는 타호강(Río Tajo)의 알칸타라 다리를 건넌다. 아름답기로 소문난 톨레도 알카사르의 야경을 감상하기 위해서다.

구시가지 동쪽 타호강 위에 놓인 알칸타라 다리(Puente de Alcántara)는 기원전 104년 로마인들이 세운 스페인에서 가장 오래된 교량이다. 길이 약 200m의 견고한 아치 구조로 지어졌는데, 중세 시대에는 순례자들이 톨레도로 들어올 때 통과하던 관문이었다. 이 유서 깊은 다리는 1921년, 스페인 정부가 국가 문화 기념물로 지정하여 지금까지 소중한 문화유산으로 보전해 오고 있다.

우리는 도보로 알칸타라 다리를 건넌 후, 강가에서 대기 중이던 투어 버스를 타고 언덕길을 올라간다. 목적지는 국영 호텔 파라도르(Parador) 앞. 톨레도의 야경은 일몰과 함께 시작된다. 타호강을 따라 요새처럼 이어진 황톳빛 구시가지에 하나둘 불빛이 밝혀지면, 밤이

깊어져 갈수록 더욱 선명해진 야경이 환상적인 밤 풍경을 지어낸다.

버스가 파라도르 호텔 앞에 멈추자, 가이드는 이곳이 톨레도 알카사르와 구시가 전체 야경을 한눈에 감상할 수 있는 최고의 장소라며 극찬한다. 파라도르 호텔 앞에서 짧은 시간이지만 톨레도의 황홀한 야경을 감상하며 오늘 하루의 여정을 마무리한다.

당일 일정으로 다녀온 세고비아·톨레도 1일 투어는 시작부터 끝까지 다소 빠듯했지만, 얻은 견문이 많고 받은 감동이 커서 아주 흡족하다.

활기찬 현대 도시, 마드리드

마드리드에서 맞는 셋째 날 아침이다. 늦잠에서 깨어나 숙소 앞 빵가게에서 모닝커피와 갓 구운 빵으로 간단히 아침을 해결하고 마드리드 시내 투어에 나선다.

스페인의 수도인 마드리드는 16세기 중반부터 본격적인 도시 건

설이 시작되었고, 19세기 후반에 이르러 급격히 발전하며 현대적인 문화 도시로 탈바꿈했다. 또한, 이곳은 지리적으로 내륙 중앙에 자리하고 있어 다른 도시로의 이동이 편리한 사통팔달의 교통 요충지이기도 하다.

거리를 걷다가 육중한 화강암으로 세워진 알칼라 문의 위용에 반해 발길을 멈추고 한참을 바라본다. 이 알칼라 문(Puerta de Alcalá)은 18세기 당시 네덜란드, 영국, 프랑스 등 열강들의 압박 속에서 고전했던 스페인을 재건하고자 노력한 국왕 카를로스 3세가, 1778년 궁정 건축가 프란시스코 사바티니(Francisco Sabatini)에게 의뢰해 세운 개선문이다. 한때 마드리드의 동쪽 경계를 표시하던 문이었으나, 도시가 확장된 지금은 도심 속 한복판에 우아한 자태로 남아 과거의 풍경을 담아내는 명소가 되었다.

기나긴 역사적 전통 위에 호화로운 중세풍의 건축물들로 가득한 스페인의 여느 도시들과 달리, 마드리드는 현대식 건축물들이 즐비

하고 높게 솟은 고층 빌딩이 간간이 눈에 띄어 색다르다. 서울의 거리처럼 익숙하게 다가오는 현대적인 거리 풍경에서도 이곳이 스페인의 수도임을 체감한다.

이윽고 우리는 지하철 세라노(Serrano)역 근처에 있는 엘 코르테 잉글레스 백화점(El Corte Inglés Almacén)에 도착한다. 아내가 쇼핑을 즐기는 동안 나는 로비에 앉아 그간 스페인의 명소들을 돌아다니며 스마트폰에 담아둔 사진들을 천천히 넘겨본다.

잠시 뒤 작은아들과 함께 백화점 야외 벤치로 자리를 옮겨 귀국편 비행기의 좌석 예매를 시도한다. 항공권 예매와는 달리, 좌석은 출발 24시간 전부터 지정 예매가 가능하므로 지금이 좌석 예매의 적기다. 작은아들은 모바일앱을 통해 스페인어로 진행되는 좌석 예매를 일사천리로 순식간에 마친다.

예매를 마치고 주변을 둘러보니, 대낮부터 도심 거리에서 조깅하는 사람들이 여기저기 눈에 띈다. 마침 오늘이 휴일이라 더 많은 이들이 거리로 나왔는지도 모르겠다. 스페인 사람들은 달리기를 일상처럼 여기며 살아가는 듯하다. 앞서 바르셀로나와 세비야에서도 자주 보았던 익숙한 광경이 여기서도 어김없이 펼쳐진다.

참 부지런하고 건강한 사람들이다. 삼삼오오 달리기에 여념이 없는 런닝맨들을 자주 보게 되니 일단 활기가 넘쳐 좋다. 신체에 무리를 주지 않는 범위 내에서 이루어지는 적당한 달리기가 활력 있는 삶과 건강 유지에 더없이 좋은 운동법이라는 사실을 다시 한번 느낀다.

갤러리 같은 품격의 레스토랑, 아사도르 데 아란다(Asador de Aranda)

어느덧 점심시간이다. 어제 세고비아에서 맛본 별미, 꼬치니요 아사도(Cochinillo Asado)가 생각나 인터넷 검색을 통해 맛 품평이 좋은 레스토랑을 찾아본다. 고급 레스토랑 아사도르 데 아란다가 마드리

드에서도 손꼽히는 꼬치니요 아사도 요리의 유명 맛집으로 소개되어 있다. 구글 지도를 따라 그곳을 향해 발걸음을 옮긴다.

마드리드 도심 거리에서 마주치는 시민들의 모습은 한결같이 자신만의 일상에 몰두하며 타인에게는 시선조차 주지 않는다. 이를 세련된 서구 시민들의 합리성이라고 해야 할지, 아니면 서양인들 특유의 기계적인 생활방식이라 해야 할지, 태생부터 시골뜨기인 나의 정서로는 어쩐지 낯설고 도무지 이해되지 않는 도시의 차가움이다.

한때 한국에서 유행하던 '차도남', '차도녀'라는 말이 생각난다. 이런 도시적 분위기 속에서 탄생한 신조어가 아닐까 싶다. 무표정한 모습으로 거리를 활보하는 이들이 마치 계절의 공기만큼이나 싸늘하게 느껴진다.

한참 만에 도착한 아사도르 데 아란다(Asador de Aranda) 레스토랑은 입구에서부터 예스럽고 고전적인 분위기의 인테리어가 시선을 끈다. 정교하게 조각된 대리석 계단을 따라 2층으로 올라가니, 버건디색 톤의 견고한 목재에 화려한 문양을 새겨 넣은 천장과 중세풍의 샹들리에가 고급스러움을 더한다.

스테인드글라스 창으로 들어오는 은은한 빛이 식당 내부의 분위

기를 차분하게 해준다. 흑백 데코타일로 꾸며진 체스판 모양의 바닥은 깔끔하면서도 예술적인 느낌을 준다. 마치 미술관에 들어온 듯한 느낌이다. 우아한 실내 장식만으로도 오랜 전통과 격조가 느껴지는 고급 레스토랑이다.

이곳은 평소 예약제로 운영된다고 하는데, 다행히 우리가 오늘 개점 후 첫 번째 손님이면서 마침 예약되지 않은 빈 테이블이 있어서 입장이 가능하다고 한다. 운 좋게도 고급 레스토랑에 앉아 꼬치니요 아사도 요리에 비노 블랑코를 곁들여 여유로운 점심을 즐긴다. 예상대로 기대를 저버리지 않는 그 맛 그대로다. 어제 느꼈던 맛의 감동이 다시 한번 되살아난다.

더불어 사랑스럽고 믿음직한 작은아들과 단둘이 마주 앉아 맛있는 점심을 나누는 이 시간이 더없이 행복하다. 그리고 평생토록 잊지 못할 마드리드의 오찬으로 남아 두고두고 추억할 것 같은 설레는 예감이 든다.

마드리드 최고의 번화가, 솔 광장(Puerta del Sol)

오전, 서로 다른 일정을 보낸 우리 가족은 호텔 로비에서 다시 만나 우버 택시에 올라탄다. 목적지는 마드리드 최고의 번화가, 솔 광장(Puerta del Sol). 택시가 회전 교차로를 막 돌자, 눈앞에 나타난 알칼라 문이 어제 거리에서 보았던 모습보다 훨씬 더 웅장하게 다가

온다. 마드리드와 알칼라 데 에나레스를 연결하는 관문에 위치한 이 개선문은 수도 마드리드의 발전과 문화적 자부심을 상징하는 건축물이다.

알칼라 문을 막 지나자, 곧이어 신화 속 장면을 옮겨 놓은 듯한 그림 같은 원형 광장, 시벨레스 광장(Plaza de Cibeles)이 펼쳐진다. 광장 중앙의 분수대에는 두 마리의 사자가 끄는 수레에 올라탄 '키벨레(Cybele, 그리스 로마 신화에 등장하는 튀르키예 아나톨리아 지역의 지모신으로 죽음과 재생을 상징)' 여신의 조각상이 자리 잡고 있어, 마치 고대 신화를 눈앞에서 직접 마주하는 듯한 느낌을 받는다. 여기에 시벨레스 궁전을 비롯해 광장을 에워싼 우아한 건축물들이 어우러져 시벨레스 광장은 그 자체로 하나의 완성된 예술작품에 가깝다.

이 광장은 수도 마드리드를 상징하는 대표 명소 중에 하나로 특히 야경이 아름답기로 소문나 있다. 또한, 마드리드를 연고지로 하는 스페인 프로 축구팀 레알 마드리드의 우승 축하 행사장으로 자주 활용

되어 시민들에게 매우 친숙한 공간이기도 하다.

숙소 앞에서 탄 우버 택시는 20분 남짓 시내를 달려 우리를 솔 광장 앞에 내려놓는다. 마드리드 시민들에게 사랑받는 이 광장은 듣던 대로 서울의 명동 거리처럼 수많은 인파로 북적댄다. 발 디딜 틈이 없는 솔 광장의 한쪽 바닥에는, 이곳의 명물 '제로 포인트(Zero Point)' 표지석을 설치해 두어 행인들의 발길을 붙잡는다.

제로 포인트는 스페인 영토의 동서남북을 기준으로 정중앙 지점을 표시하는 의미 깊은 공간이며, 솔 광장을 대표하는 상징물이기도 하다. 이곳에 서면 언젠가 다시 마드리드로 돌아온다는 재미있는 속설 때문인지, 수많은 관람객이 제로 포인트 위에 서서 사진을 찍으려고 긴 줄로 차례를 기다린다.

나 역시 분출하는 아재 감성을 억누르지 못하고 긴 줄에 합류하고 만다. 내 차례가 되어 기념사진을 남긴 뒤, 솔 광장의 또 다른 명물 '마드로뇨 곰 동상(Estatua del oso y el madroño)'을 향해 발걸음을 옮긴다.

커다란 곰 한 마리가 나무를 붙잡고 산딸기를 먹는 모습을 형상화한 마드로뇨 곰 동상이 아주 생동감 넘친다. 마드리드의 옛 지명 '우르사리아(Ursaria)'는 '곰의 땅'이라는 뜻이다. 과거 이곳은 야산과 구릉이 많아 곰이 자주 출몰했던 까닭에 귀족들은 여기서 늘 곰 사냥을 즐겼다고 한다. 곰 동상이 솔 광장의 상징물로 자리 잡은 배경이 금방 이해된다. 광장 사방에는 5층 이내의 현대식 건물들이 드넓은 광장을 에워싸고 있어 아늑하고 포근한 느낌이다.

프레스코화와 청동 기마상이 명품인 마드리드 마요르 광장

솔 광장에서 제로 포인트와 곰 동상을 둘러보고 골목길을 따라 조금 내려가니 마요르 광장(Plaza Mayor)이 나타난다. 본래 시장터였던 이 광장은 1619년, 펠리페 3세가 왕의 대관식과 왕실의 주요 행사를 위해 조성한 공간이다. 이후 세 차례의 화재를 겪은 뒤 19세기에 현

재의 모습으로 재건되었다. 이곳에는 아치 구조의 출입구가 아홉 군데나 있어 어디서든 자유롭게 드나들 수 있다.

광장 사면을 따라 주황색 벽면과 흰색 발코니 창문이 정갈하게 배치된 4층 건물이 직사각형 형태로 둘러싸고 있어 그 모습 자체로도 우아하기가 그지없다. 건물 정면 중앙에는 양쪽에 뾰족한 탑신을 배치하여 조화롭고 균형 잡힌 구도가 돋보인다. 그 아래에는 시계판을 설치해 두어 현재 시각을 바로 알 수 있게 해준다.

또한, 건물 외벽에는 디오니소스, 물의 신 등 여러 인물의 누드화를 프레스코화(Fresco, 소석회에 모래를 섞은 모르타르를 벽면에 바르고 수분이

마르기 전에 채색하여 완성하는 회화) 기법으로 장식해 마요르 광장의 예술적 분위기를 한층 고조시킨다. 이 벽화가 그려진 건물은 과거 빵을 구워 팔던 까사 데 라 파나데리아(Casa de la Panadería)로, 현재는 관광객들을 위한 투어 리스트 센터로 활용되고 있다.

여행 내내 스페인 여러 도시의 광장을 둘러보며 발견한 공통점 하나는, 광장마다 중앙에 역사적인 위인이나 국왕의 동상 또는 기마상이 어김없이 세워져 있다는 점이다. 마드리드의 마요르 광장 중앙에도 이 광장을 조성한 펠리페 3세의 청동 기마상이 위풍당당하게 자리하고 있다.

광장 건물 1층에는 기념품 가게와 바, 카페, 레스토랑 등이 길게 늘어서 있다. 마음 닿는 곳에 들어가 맥주나 와인을 한 잔 시켜놓고 여행 중에 쌓인 피로를 풀면서 잠시 쉬어가는 것도 좋을 듯싶다.

유럽의 도시들에는 어디를 가나 광장이 흔한데, 스페인의 도시들 역시 예외는 아니다. 고대 그리스 시대 때부터 '아테네의 아고라'로 상징되는 유럽의 광장은 시민들이 한데 모여 자유롭게 의견을 나누고 토론을 통해 사회 문제를 해결해 나가던 시민 민주주의의 요람이었다. 마드리드 마요르 광장을 천천히 거닐며 이러한 유럽의 광장 문화가 일찍이 서구 민주주의를 꽃피운 토양이 되지 않았을까 생각해 본다.

산 미겔 시장(Mercado de San Miguel)

마요르 광장을 거닐며 한동안 나만의 사색에 잠겨 있다가 작은아들의 손짓에 이끌려 산 미겔 시장(Mercado de San Miguel)으로 발걸음을 옮긴다. 마요르 광장 동쪽 출입구 바로 아래에 자리한 산 미겔 시장은 2009년 현대적 시설로 리모델링되어 내부가 무척 깔끔하다. 마

요르 광장과 지척에 있어 광장을 구경한 후, 이곳에 들러 먹음직스럽게 진열된 다양한 타파스(Tapas, 스페인 요리에서 식욕을 돋우는 애피타이저)를 맛보며 쉬어가는 코스로 관광객들에게 인기가 높다.

시장 안에 들어서자, 흡사 백화점 식품관에 들어선 것처럼 깔끔하게 정돈된 매장 내부가 먼저 시선을 사로잡는다. 일반적인 전통시장의 모습과는 전혀 다르다. 며칠 전, 흙바닥 통로의 진열대 위에 식품들을 산더미처럼 쌓아두고 판매하던 보케리아 시장과는 사뭇 대조된다. 비교적 층고가 높은 1층짜리 넓은 매장은 세련된 현대식 집기들로 꾸며져 있어 청결하고 고급스러운 느낌마저 든다. 손님의 취향에 따라 다양한 음식들을 골라 즐길 수 있도록 푸드코트처럼 조성한 시장 내부가 무척 맘에 든다.

식품 진열대 위에 먹음직스럽게 놓인 신선한 과일과 다양한 타파스, 하몽, 치즈 등이 저절로 입가에 군침이 돌게 한다. 산 미겔 시장은 솔 광장, 마요르 광장을 둘러보느라 출출해진 여행객의 배를 든

든히 채워줄 안성맞춤의 장소다. 매장 중앙에 길게 놓인 테이블에 앉아 즉석에서 구매한 음식을 여유롭게 즐길 수 있다. 가격은 다소 높은 편이지만, 위생적으로 보관·판매하는 음식들을 믿고 먹을 수 있다는 점에서 아주 만족스럽다.

우리나라 전통시장에서는 보통 농·축·수산물을 비롯해 가공하지 않은 식재료를 위주로 판매하는데, 이곳의 시장에서는 조리된 식품을 주로 판매하고 있어 색다른 느낌이다. 타파스 위주의 간편한 식사가 손님에게는 분명 편리하겠지만, 전통시장에서만 느낄 수 있는 특유의 정과 왁자지껄한 풍경이 빠진 듯해 뭔가 좀 허전한 기분이 든다. 어쩌면 내가 동서양의 문화 차이를 망각한 채, 유럽 땅에서 분에 넘치는 기대를 하고 있는지도 모르겠다. 아니, 지극히 자기중심적인 고정관념에 갇혀 내린 혼돈이 분명하다.

세계에서 가장 오래된 레스토랑, 보띤(Botín)

큰아들은 1년 전 이맘때 스페인을 여행한 경험이 있는데 그때 못 가본 명소들을 따로 찾아다니느라 우리와는 조금 다른 일정을 소화하고 있었다. 그래서 이번 여행 내내 꼬치니요 아사도 요리를 한 번도 먹어보지 못했다며 못내 아쉬워하는 눈치다. 우리집에서 나만큼

이나 육식파로 통하는 큰아들을 위해 마요르 광장 동쪽 출입구 아래에 자리한 보띤(Sobrino de Botín) 레스토랑으로 향한다.

1725년에 문을 연 보띤은 약 300년의 전통을 자랑하는 세계에서 가장 오래된 레스토랑으로, 기네스북에도 등재되어 있다. 이곳은 미국의 대문호 어니스트 헤밍웨이가 즐겨 찾았던 식당으로도 유명한데, 그의 장편 소설 『태양은 다시 떠오른다』에 등장하는 장소이기도 하다.

헤밍웨이는 스페인 내전 당시 마드리드에 머물며 집필 활동에 몰두했었다. 세계적인 명작 『누구를 위하여 종은 울리나』도 그 시절 탄생했다. 그때 헤밍웨이가 마드리드에서 자주 찾았던 단골 식당이 바로 이 보띤 레스토랑이다.

우리나라의 유명 맛집들처럼, 이곳도 출입구 앞 유리창에 헤밍웨이의 사진과 함께 『태양은 다시 떠오른다』에 나오는 한 문장을 인용하여 레스토랑의 명성을 알리고 있다. 그 문장은,

"제이크와 브렛은 식당에 들어가 특식인 새끼 돼지구이를 먹으며 리오하 알타(Rioja Alta) 몇 병을 마셨다."

라는 문장이다.

보띤은 현지인들과 관광객들이 즐겨 찾는 맛집이다 보니 예약은 필수다. 만약 예약을 못 했다면 웨이팅 시간을 감수해야 입장할 수 있다. 스페인 사람들은 보통 식사 시간을 점심은 오후 2시부터 4시까지, 저녁은 오후 8시부터 10시까지 즐긴다. 우리는 다행히 저녁 영업 시작 전인 오후 6시쯤에 도착해 대기 없이 바로 입장할 수 있었다.

문을 열고 들어서자, 고풍스러운 분위기의 인테리어가 보띤의 오랜 역사를 직감하게 한다. 레스토랑 내부는 기둥, 벽면, 천장이 온통 버건디색의 목재로 장식되어 있어 아늑하면서도 우아한 분위기를 자아내며 세월의 무게까지 느끼게 한다. 지하 1층부터 지상 2층까지 총 3개 층에 홀을 두고 식객들을 맞이하고 있다. 이곳의 대표 메뉴는 꼬치니요 아사도이며, 함께 주문해 즐길 수 있는 새끼 양구이 요리,

코르데로 아사도(Cordero Asado) 역시 일품이다.

때 이른 저녁 식사를 마치고 산 미겔 시장 건너편에 있는 기념품 가게로 이동해 친지들에게 선물할 몇 가지 기념품을 산 후, 우버 택시를 타고 숙소로 돌아온다.

숙소에 도착하자, 아내와 나는 내일 귀국 일정을 고려해 각자의 캐리어를 정리하며 미리 짐을 꾸린다. 한편 두 아들은 마지막 밤이 아쉬운 듯, 맥주를 마시러 다시 시내로 향한다. 스페인 여행의 끝자락, 그 마지막 밤이 그렇게 깊어간다.

스페인의 역사에 대해
안목을 키우고 돌아가는 뜻깊은 여행

막상 내일이면 귀국해야 한다고 생각하니 왠지 모르게 조금 아쉽다. 여행 내내 찾아가는 도시마다 다채로운 매력으로 나그네를 마법처럼 매혹해 버린 멋의 나라, 스페인! 머나먼 동양에서 미지의 세계를 경험하고 싶어 찾아온 낯선 여행자의 마음을 송두리째 사로잡아

버렸다.

속으로는 스페인에 더 오래 머물며 여러 도시의 구석구석을 누벼 보고 싶은 생각이 간절하다. 이렇듯 미련을 남긴 채 돌아가는 발걸음이지만, 그래도 이번 여정을 통해 스페인 왕국의 파란만장한 역사와 찬란한 문화를 깊이 이해하게 된 점은 무엇보다 큰 수확이다.

고대 로마 제국과 서고트 왕국 시절, 중세 스페인의 카스티야·레온·아라곤·나바라·그라나다 왕국들 사이의 치열한 경쟁, 약 800년에 걸친 이슬람과 가톨릭 세력 간의 대결, 이사벨 1세 여왕의 후원 아래 신대륙을 발견한 콜럼버스의 대항해 시대, 무적함대의 황금시대와 그 뒤를 이은 몰락의 시대, 스페인 내전과 프랑코의 독재까지, 스페인이 지나온 격동과 영욕의 역사가 흐릿한 흑백 화면 속에 2배속으로 돌아가는 영상처럼 뇌리를 빠르게 스쳐 간다.

이번에는 시간이 허락되지 않아 스페인의 빼어난 명소들을 마음껏 둘러보지 못하고 떠나지만, 솔 광장 제로 포인트의 언약처럼 언

젠가는 꼭 스페인을 다시 찾아올 것이다. 그때는 떠날 때 조금의 미련도 남지 않도록 빠짐없이 명소 곳곳을 찾아가 뜻깊은 여행의 추억을 만들어 돌아가리라 다짐해 본다.

"Hasta luego(또 만나요). 스페인!"

마드리드 지하철 노선도

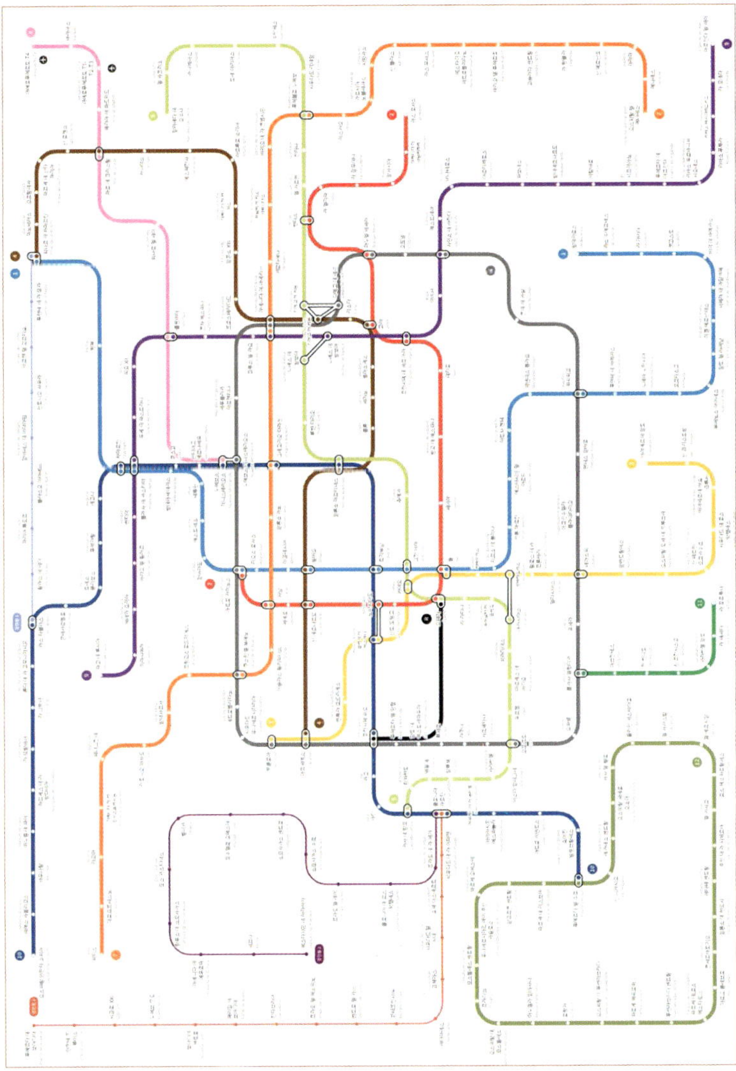

Spain

여행의 귀로

스마트폰에서 울려 퍼지는 모닝콜이 야속하게도 아침잠을 깨운다. 오늘은 귀국길에 오르는 날. 마드리드 공항에서 출발해 뮌헨 공항을 경유한 뒤 인천으로 향하는 긴 여정이 기다리고 있다. 짐을 챙겨 호텔 로비로 내려와 오전 8시쯤 체크아웃을 마친다.

잠시 후, 호텔 앞에서 짐칸이 넓은 밴형 콜택시에 각자의 캐리어를 싣고 마드리드 바라하스 공항(Aeropuerto Madrid-Barajas)으로 향한다. 공항에 도착하자마자 출국 수속을 마치고 출국장 내 카페에서 빵과

오렌지 주스로 간단히 아침을 해결한다.

비행기 탑승까지는 약 한 시간 남짓 남았다. 아내와 두 아들은 공항 면세점 쇼핑에 나서고, 나는 밀려오는 피로를 잠시라도 달래려고 탑승 대기석에 앉아 눈을 붙인다. 그럭저럭 시간이 흐르고 탑승 시간이 되자, 아직 잠이 덜 깬 몸을 이끌고 뮌헨행 루프트한자 항공기에 오른다.

이륙한 지 얼마나 되었을까? 비행기가 마드리드 하늘을 떠나 유럽 상공을 가로지른다. 아래로 펼쳐지는 스페인·프랑스·독일의 풍경은 대부분 완만한 평야 지대로, 높은 산은 좀처럼 보이지 않는다. 물론 유럽에는 유럽의 지붕, 알프스산맥이 자리 잡고 있어 험준한 산악지대가 펼쳐지기도 하지만, 마드리드에서 뮌헨을 오가는 항공기의 항로와는 멀리 떨어져 있어 느끼지 못할 뿐이다.

비행기 창문 아래로 펼쳐지는 농경지와 마을, 도로가 어우러진 풍경은 더없이 평화로워 보인다. 덩달아 내 마음도 한결 편안하고 여유로워진다. 2시간여의 유럽 상공을 비행한 끝에 루프트한자 항공기

는 뮌헨 공항에 사뿐히 내려앉는다.

평소 경유지에서 항공편을 갈아타는 데 주어지는 시간은 약 2시간 정도여서 시간상 여유가 충분하다. 그런데 이번에는 마드리드에서의 출발 지연으로 인해 경유 시간이 약 한 시간으로 줄어들었다. 늦지 않게 인천행 비행기에 오르려면 바삐 서둘러야 한다. 착륙한 비행기에서 내려 잰걸음으로 탑승 게이트를 향해 빠르게 움직인다. 다행히 작은아들의 민첩한 안내 덕분에 제시간에 도착한다. 혹여 늦을까 마음 졸였던 불안감도 이제 사라진다.

우리 가족을 태운 인천행 루프트한자 항공기는 11시간여의 긴 비행 끝에 1월 30일 오전 11시경 인천 공항에 무사히 도착한다.

입국장을 빠져나오며 이번 스페인 여행을 잠시 되돌아본다. 큰아들의 빈틈없는 일정 관리와 작은아들의 능숙한 스페인어 소통 및 안전 운전 덕분에 마음 편히 즐기고 무사히 귀국할 수 있게 되어 행복하다. 어느덧 훌쩍 커서 가족여행의 길잡이가 되어준 두 아들 때문에 여행 내내 든든하고 편안했다.

끝으로, 바쁜 시간을 쪼개어 나이 든 부모와 동행하며 여러모로 힘쓴 두 아들에게 다시 한번 고마움을 전한다. 아울러 이번 여정을 아무 탈 없이 마치고 무사히 돌아올 수 있도록 우리 가족을 늘 지켜주신 천지신명께도 마음 깊이 감사드린다.